引爆美国人的触觉革命

一个中国人在美国创造的商业传奇

李中子　著

文化艺术出版社
Culture and Art Publishing House

写入世界商业史的中国人

能写入中国商业史的中国商人多若星辰，但能写入世界商业史的中国商人却屈指可数。李中子，就是注定要被写入世界商业史的中国商人。

20世纪80年代留美读博，90年代在美国开始创业，一个书生背景的独行侠，在短短五年时间里，将中国的健身球从寻常美国百姓家一路卖到白宫总统办公室，让几乎每个美国家庭都有一副中国银球，他被称为“美国健身球大王”，“美国人触觉革命的引爆者”。之后，他做实业，他用完美的性价比，征服了通用等美国所有重要的汽车厂商，生生动了美国制造业巨头的奶酪，在闭锁的美国汽车配件市场中打出了李氏字号。

他，为什么能成功？

第一，李中子有远见。知讯者胜，谋远者新，远见是最有价值的核心技术。李中子的远见来自于他的好奇心和学习力，好奇心让他随时随地会对新鲜事物进行判断，并预测其潜在的发展，久而久之，他对未来有了超乎常人的敏感与直觉。好奇心是想象力的翅膀，那么学习力就是现实的引擎，李中子的经历告诉我们，只有不断学习，才能知讯，知讯广才能谋远新。

第二，李中子有胆识，敢为天下先。人要敢想，更要敢干。征战商海，万无一失的事一定是无利可图的事，只有勇气能让梦想起航，只有胆识兼备，才能突破天空的极限。敢闯，不怕失败，才是颠扑不破的成功之道。

第三，认准了就坚持下去。李中子认为，在异国创业，就是要做一个“追风”的长跑运动员。先走小碎步，走稳当了，再大踏步向前跑。要足够坚持，要有足够的行动力。

第四，思维灵活。人最难突破的是习惯，只有顺势而为，顺水推舟，才能做到商者无域。所谓灵活，灵是认识事物的深度，活是处理问题的角度，灵活是商人最应具备的硬功夫。

第五，苦难是最好的老师。李中子的父亲壮年早逝，家道中落，少时备尝人情冷暖。这样的经历像是一个刺激源，让李中子洞明世事，且不敢懈怠，终有所成。

自己永远是自己人生的导演。李中子让他的人生变为了传奇，他的自传就像一尊纸伯乐，可以给读书的千里马插上翅膀，让梦想起飞。

但愿有越来越多的人，能像李中子一样，放眼世界，开发出一片崭新的蓝海，让世界听到中国的涛声。

目录

1955—1979 武汉

“英雄儿女”成长史 …… 3

外事办像是人生的另一所大学 …… 12

1980—1985 北京

脚踩风火轮的研究生“倒爷” …… 21

1986—1995 俄亥俄

你好，美国 …… 31

与其冻死，不如冬泳 …… 40

吃大苦、受老罪换来的政治学博士 …… 46

亲见俄亥俄州州长与美国总统 …… 51

历歌，从人艺台柱子到开大货车的铁娘子 …… 54

上法庭前，律师吓跑了 …… 63

在小买卖中看到美国梦的火苗 …… 67

从身边找出好点子 …… 72

一个人戴12顶帽子，两个人像一支队伍 …… 79

疯跑商品Show …… 83
拿下美国买家的12条建议 …… 87

1996—2001 纽约

大地盘有高起点
——"Where there is will, there is a way." … 93
读懂五彩斑斓的美国人 …… 98
有多好的语言做多大的事 …… 104
美国信用制度让上当变得很难 …… 107
融入美式商业文化 …… 111
把生意从苹果总部做到白宫总统办公室 …… 116
健身球，引爆美国人的触觉革命
——Every American should have a pair. …… 126
差一点儿让中国的猪皮占领
美国中低端皮衣市场 …… 131
能把垃圾卖掉才是Number One …… 134
杰克·韦尔奇给我的忠告 …… 137
在曼哈顿第十一大道亲历"9·11" …… 141
1992—2001，鄙人是纽约最棒的营销家之一 …… 146
美国生意经 …… 149

2000—2003 波士顿

哈佛商学院的案例教学法 …… 157
哈佛商学院如何定义成功的管理者 …… 165
那些棒呆了的哈佛同学 …… 168

美国的上流社会圈子和精英阶层 …………………… 174
向犹太人学金融 ……………………………………… 180
学习印度人的团队精神 ……………………………… 188
华尔街的秘密就是变态心理学 ……………………… 192
白宫中东特使的秘密演讲 …………………………… 195
只有“待售”永垂不朽 ……………………………… 197
超级人脉靠的都是小细节 …………………………… 202

2003—2010 底特律
赤手空拳成为通用供货商 …………………………… 207
创造了美国汽车工业史上两个“第一次” …… 211

2010 回到北京
一炮多响的联合投资之路 …………………………… 217

尾 声
美国生活絮语 ………………………………………… 223

图释人生
高光时刻 ……………………………………………… 229
学历人生 ……………………………………………… 234
美国闯荡记 …………………………………………… 235
商者无域 ……………………………………………… 245
我的亲友团 …………………………………………… 258

1955—1979
武汉

“英雄儿女”成长史

父亲叫李尚文，1920年出生，山西高平人。高平史称“长平”，是炎帝故里，风土豁然，人情质朴，传统文化的影响深广，读书之风浓郁，即便是农户也大多耕读传家。

父亲虽生于贫农家庭，拜家乡兴学重教之风所赐，少时接受了严格的私塾教育，后又上了新学，并考取了长治师范，赵树理、史纪言都是父亲的老师。长治师范是当时山西进步学生的活动中心，强国救亡的风雷激荡起那代知识青年思想的解放，让他们对革命心向往之。父亲长得一副斯文书生样，骨子里却是明理晓大义，深深感怀国难当头，又身处炽烈的进步思潮环境中，自然觉得投身革命是义不容辞之举。

1937年七七事变后，日军大举进犯华北，与阎锡山、傅作义、聂荣臻、林彪领导的国共联军，展开八年抗日史上华北最大规模的会战——太原会战。著名的平型关大捷、忻口战役均发生在这次会战中。

同年10月，战事吃紧，长沙师范学院被迫停办，大批学生参加了阎锡山领导的山西牺牲救国同盟会，简称“牺盟会”，父亲便是其中之一。后薄一波领导的抗日青年决死队从“牺盟会”中独立出来，父亲一直认同共产党，便追随而去，开始了自己一生的戎马之旅。

父亲既是当时颇为稀罕的师范生，为人处世又有农家子弟的忠诚质朴，还有股子军人特有的血勇之气，长得鼻直眉阔，甚是英武，可谓从里到外没有可挑的。父亲在部队进步很快，入伍三个月便入了党，开始任壶关县特派员，年仅22岁，便当上了太行第四军分区敌工科长。

敌工科的工作称得上是刀尖舔血，即建立根据地与日军占领区之间的秘密交通线，用尽一切手段分化瓦解日伪军。如制作大量标语、传单、书信、画报、慰问袋，组织各县的敌工站，派人带往敌占区，甚至通过内线带进日军驻军地点，在敌人的老巢里搞抗日宣传。

父亲25岁时认识了在太行第八专署工作的母亲。母亲叫张苏影，是邢台最老牌的红色家族之后，母亲的二叔是陈潭秋发展的邢台第一个共产党员，三叔因组织抗日被日寇抓到后残忍杀害。

父亲和母亲认识后，互有好感，相处了一段时间后，便向组织递交了结婚报告。1945年8月15日，李尚文同志与张苏影同志穿着发白的土灰色旧军衣和手编的布带草鞋，在战友们的庆贺声中完成了结婚仪式，婚礼配乐是父亲唱的《到八路军去》。

婚礼举行后，还未来得及过新婚之夜，部队便接到了连夜开拔的命令。第二天晚上，两人才在一孔没炕的破窑洞里，躺在一副满是大洞小眼的担架上度过了新婚之夜。

新婚第十天，父母所在的部队经过一番血战，攻克了河南清化城，灰头土脸的父亲和母亲提着枪进了城。两人走在清化城的街道上，眼前弥漫着浓浓的黑色硝烟，脚下到处是烧焦的日本兵尸体，还有几具尸体挂在了路旁的窗户上。父亲和母亲边走边找，找啥呢？他俩是想找家照相馆，拍张结婚照。上帝貌似被他们的浪漫打动了，在他们转了大半条街后，终于找到了一家照相馆。两人好不容易才拍开了照相馆的门，和颜悦色地对惊魂未定的老板说："我俩刚结婚，想拍张结婚照。"

日本人投降后，父亲所在的15军归秦基伟将军指挥，在淮海战役中大出风头，拿下了黄维兵团。随后转战云贵高原，父亲作为15军45师135团政委，还曾兼任过贵州毕节地区织金县委书记。

新中国成立后，父亲又参加了抗美援朝战争。1952年10月14日，范佛里特指挥的联合国军向上甘岭地区的597.9高地和537.7高地北山发起了突然进攻，这就是著名的上甘岭战役。而在上甘岭战役中，顽强击退联合国军的就是父亲所在的15军。

上甘岭战役打出了15军的知名度，后中央军委将15军改编成了我军中唯一的空降军，成为中国最精锐的快速反应部队。父亲当时是15军45师政委，他所在的45师，日后因在2008年汶川大地震中完成强行空降救人任务而闻名全国。

抗美援朝胜利后，父亲先后任45师政委，15军副政委，武汉军区空军政治部副主任。1955年授上校军衔，1961年晋升大校军衔。那一年国庆节阅兵仪式，父亲带着我上了天安门观礼台，我依然记得父亲高举着我，让我看天安门上的毛主席，以及川流般的坦克与方阵。回想起来，父亲当时的级别真是不低了，竟然有资格在观礼台上看国庆阅兵。遗憾的是，父亲1971年因患食道癌去世，时年才51岁。

父亲是个坦荡磊落的人，对党和国家非常忠诚。给我取名为“中子”，第一层意思是他希望中国能早日发明出中子弹，永远地强大起来；第二层意思是中国人民的儿子，要爱家爱国。父亲得了癌症后，坚决不做手术，因他担心手术后不能再工作了。在父亲看来，如果自己不能工作了，不能为党和人民做事，那生不如死。

父亲是个乐观的人，虽经年累月在死亡线上游走，却从不说悲观、消极的话。临终前，还信心满怀地告诉母亲：“周总理已经给医务界下了指示，三年内攻克癌症，我的病有希望了。”

父亲还是个重义气的人，他嘱咐母亲将自己葬在焦作九峰山，因为他很多熟悉的战友都在焦作战役中牺牲了，父亲想离他们近一些。

父亲是整个家族所有人心目中的英雄，他是一个有着传统道德修养，丰厚文化底蕴的革命者，把国家的危难扛在肩上，以书生的风骨做着开天辟地的大事业。我们老李家所有的后辈，无不以父亲而骄傲，无不以父亲为榜样，既好读书，又勇于革命；既要当书生，又要做英雄。

母亲生逢乱世，却有着一颗无比勇敢的心。由于她的家族里革命者辈出，因此母亲对进步思想的执着和忠诚，从学生时代便扎下了根，并贯穿其一生。

与父亲一样，母亲也有着数次死里逃生的经历。最惊险的一次是在朝鲜战场上，四个女战友围坐在炕上打牌，母亲在旁观看，美国人的战机突然来了，一排子弹从屋顶扫了下来，两个女战友瞬间被半尺长的弹头穿透了胸膛，手里还握着扑克牌。

母亲除了勇敢、忠诚，还有点可爱的小呆板。有一次，母亲被胡宗南的部队拿着机枪追扫，在奔逃中，她居然还冒着生命危险停下来，叮嘱路边肠子流出来的伤员，实在跑不掉时，一定要把手边的长枪摔烂，以免落入敌人之手。呵呵，命都保不住了，还惦记着保护公家的财物，母亲就是这样的人。

20世纪50年代初，母亲调离了部队，被分配到了检察系统工作。据母亲回忆，当年上级让她筹建南京玄武区检察院，既不给钱，又不给房。母亲找人写了块“南京玄武区检察院”的牌子，然后举着牌子在南京街头找废弃的空房子，终于发现一家当铺遗留下几间临街的空房，看着还算敞亮，于是把牌子往门口一挂，检察院就算成立了。

后来为了照顾父亲和孩子，母亲先后调到武汉检察院、武汉市公安局工作，退休时荣获了公安部一级金盾荣誉证章，这是公安系统内的最高荣誉。

母亲在地方机关工作期间，工作认真、讲原则，不招有些领导待见，同事评价其思想不开化，太较真，戏称她“红得发紫”。母亲确实是这样的性格，可话说回来，如今的社会，大家思想都开化了，到处是活泛、机灵的人，是好事吗？人活泛了，心眼却歪了。我总觉得如母亲这般正直、讲原则的人既是家庭的脊梁，更是社会的脊梁，没有这样一种人存在，我们的社会不可能变成今天这个样子。

我记得母亲最常教我的一句话是："永远不要讲假话，但不一定把真话全讲出来。"现在回过头来细想，不讲假话是母亲的人生底色，她一辈子都是这么做的；而有保留地讲真话，则是母亲讲过无数次真话，吃过无数次亏之后总结的人生教训。母亲的教导，我扪心自问是做到了。如果说，在生意伙伴的心目中，我是个诚实守信的商人，那应该是母亲的功劳。

父亲、母亲给予我最重要的精神财富便是英雄主义的人格底色。从小到大，我骨子里认为自己是英雄的孩子，做人力求上进，做事从不胆怯。这样的精神特质不论是在中国，还是在美国，不论身处什么样的年代，我从未曾改变过。如果说，我今天算是闯出了一番天地，头功一定属于我的父母，没有他们传承给我的勇气、赋予我的骄傲，我或许早已经停在半道上了，不会走今天这么远的路。

说完了父母，再说说我的家乡。我祖籍山西，生在南京，长在武汉。

我觉得自己既是山西人，又是武汉人。觉得自己是山西人，因为父亲的根在山西，我的根自然也在山西。此外，我走遍了五大洲四大洋，始终觉得明清晋商是世界上最棒的商人，他们所代表的商业精神是完美的、是利他的，如果他们的商业精神能推广至今，一定不会有经济危机。基于此，我为自己是山西人的后代而自豪。

武汉是码头文化的典型代表，史载：武汉，民性多流于倔强，以故风气开化，常不为遗俗所沾染。亦风气自创，能别于荆楚人物以独立，人杰地灵，涵今茹古，有独立的自由思想，有坚强不磨之志。义以淑群，行必厉己，开一方之风气，盖地理使然。

这样的评价是准确的，因为经济的融通往往会推动文化与思想的繁荣，南来北往的货船在武汉集散，不同地域的风土人情也在此碰撞、交汇，自然促进了武汉三镇开化的速度和接纳新思想的胸襟。通俗一点来说，钱流、物流的活络，让武汉人自古就少了“以农为本”的愚见，多了对时世和变革的敏感，以及勇敢参与的热情。我觉得自己做生意不多的一点儿灵气，很大程度上得益于我成长的地方——武汉的滋养。

我家在部队大院里，部队大院里的孩子容易淘，即便女孩都像是假小子，梳两根冲天辫，在游泳池玩高台跳水；练习飞车，把凤凰女车的座儿拔得老高，先单手猛推出去好几米远，然后人跑过去凌空坐驾……女孩尚且如此，男孩更不用说了。我本来就不是胆小的人，又在部队大院这样的环境里长大，更是强化了我敢闯敢干的劲头，记得童年时代我做过最生猛的一件事，是12岁时候玩气枪，误伤了人，想想真是后怕。

人不是孤立存在的，总是依赖于一种社会背景；可以说，人的成长既是对不同文化脉络的传承，也是各种社会因素综合作用力的结果。一个人人格的特质除了血脉的遗传，同样也包含着一种地域文化的塑造。认识清楚自己身上潜藏的地域性特质，对于发掘自己的优点，以及更好地认识自我，是极其重要的。一个人能获得成功，不外乎是将自己的优势尽可能地优化、最大化。

1972年，我上了武汉大学，学的是英语专业。当时正值邓小平复出后主导了教育改革，后被称为“教育回潮”。由于这次回潮因与“文革”大趋势相悖，因此并未持续太长时间。

这次教育回潮虽然短暂，却在教育史上影响巨大，因为它毕竟在荒芜的年代曾造就了一批精英，使国家的人才没有持续出现断代危机。从历史的角度看，正是这微弱的一缕阳光，造就了我们这一代人的成长机遇。

邓小平主持教改后不久，就出了张铁生交白卷事件，主导文化课考试的邓小平因此再次下台。但在我们这拨大学生心中，已经开始反思“文革”了，毕竟经历那么多次忽左忽右的政治风潮，虽不知道该以什么理由反对，已经深刻明白知识对一个国家是何等的重要。

在这种反思与等待中，我们这拨大学生当时的学风是相当刻苦的。当时的武大，跟现在一样美，有樱花，有浩荡的东湖，就是夏天很难过，蚊子个个膀大腰圆，数量又多。当时条件差，没电扇，宿舍还准点掐电，你想点根蜡烛读会儿书，成群的蚊子能扑过来抽走你半升血，你胆敢熬夜看书，蚊子能把你吸成贫血。

我们班的一个同学，即现在国防大学政委、现役上将刘亚洲，想出了一个好法子，就是点烛夜读时，把双腿泡在水桶里，既可防蚊，又能解暑，一举两得。这个法子很快有人效仿，结果晚上时常有人把脚泡得跟白皮猪蹄一般。

记得有一次，刘亚洲拿一篇文言文来考我，打赌说有三个字我肯定不会念。我不服，结果我果然不会念这三个字，落了个秀才只认半边字的恶名。这件事给了我很大的刺激，激励我后来把整本《成语词典》都背了下来。现在回想起来，刘亚洲这种刻苦学习的精神对我影响还是挺大的。

说起刘亚洲，除了学习用功外，还有个让人印象深刻的地方，

就是他军棋下得好。尤其是下暗棋时，他能把司令、军长用活，布的位置总让人出乎意料，让对手吃大亏。另外，还有一手绝活儿，就是他能通过观察对手的表情来判断对方司令、军长的位置，相当精准。

在那个红专年代，我们读外语系算是走运的，能从外文资料上，吸收各种各样普通人接触不到的信息。了解得越多，越觉得外面的世界真精彩。反观现实中“无厘头”的各种运动，真是让我们这些大学生内心深处产生了巨大的困惑，乃至痛苦。

尤其是1975年底到1976年初，“反击右倾翻案风”运动让我们这拨大学生难以理解。1976年初，周总理溘然长逝后，“四人帮”不顾人民的悲痛，借“批邓反击右倾翻案风”，一方面继续诋毁周总理，另一方面阴谋篡党夺权。“四人帮”的“司马昭之心”，使全国人民终于忍无可忍，爆发了震惊中外的“四五运动”。我们在武汉，没有机会直接参与这场运动，但从心里是积极支持这场运动的，在冥冥中，我们觉得未来中国必定会发生巨变。

外事办像是人生的另一所大学

1976年，我从武大外语系毕业。当时的大学毕业生属于稀罕的物种，国家全都包分配。虽不发愁就业，可工作毕竟还是有三六九等，像湖北省外事办这样的单位，大家都想去，专业对口，工资高，整天接触外宾，感觉多上档次啊。虽然大家都想去，那时的社会风气正，不时兴送礼，负责分配的老师也公正，按照成绩和性格特点来分配工作。

负责分配的老师们觉得我挺活泛的，在校期间，总是热衷张罗组织诸如晚会、体育比赛之类的活动，属于上蹿下跳闲不住的角色，而且我中学读的就是武汉外语学院附中，英语底子好，在大学期间，专业成绩也突出。于是，系里向湖北省外事办推荐了我，外事办看了我的成绩单和平时表现，二话没说，就定了。在72级英专那一届里，只有我一个人被分到了湖北省外事办，是当时分配单位最好的学生。

一去外事办，并没有立即开始工作，而是和其他新入职的大学生一道，接受了为期两个月的外交礼仪培训。开始时以为培训就是走个过场，觉得待人接物还用培训吗？我们可是大学生啊！结果老师一开讲，我发现虽然读了大学，可真要做到举止得体，不卑不亢，不做作，能向外宾展示中国人民的良好风貌，差距还相当大。

记得头一个月的培训，是把我们派到外事办下属的胜利饭店当服务员，那是当时武汉的顶级饭店，毛主席来武汉住的就是胜利饭店。上头的意思是通过让我们参加基层实践长知识。每天必做的一项重要工作就是打扫宾馆的房间，把厕所冲刷干净，把床单铺得像湖面一样平整，被子叠得像行李箱一样有棱角，最苛刻的要求是让房间地毯上的毛要朝一个方向捋顺。捋地毯毛的工作，一开始可把我难住了，拿梳子梳，还是拿吹风机吹，这可怎么捋顺啊？！后来宾馆里有经验的服务班长告诉我，捏着地毯的一角，把地毯拽起来后，使劲往地上一甩，“啪”的一声，地毯毛就全捋顺了。

第一个月在基层实践完，第二个月就是培训外交礼仪。举个例子，比如做个“请”的手势，大拇指要与手掌并拢，不能叉着；再比如送外宾上车后，不能扭头就走，要站在原地挥手致意，一直到车开出视线位置；去机场迎送外宾时，不但要送外宾登机，还要静候飞机起飞，飞机起飞后也不能离开，因为飞机还要在机场上空绕圈，要摆动机翼……总之，只要外宾在你的视线之内，就意味着你也在外宾的视线内，绝对不能离开，必须全程挥手致意。

礼仪老师告诉我们，从事外事活动，与外宾相处，最高级的礼仪就是要有敏锐的洞察力。有了敏锐的洞察力，你才能时刻体察到外宾的需求，并及时予以协助，否则所谓的礼仪只是样子货，即便见客笑成一朵花，但永远不可能做到贴心。

礼仪老师关于洞察力的解释让我深受启发，让我明白训练洞察力就是尽力从别人的角度去想问题，只有从细微处察觉到别人的心理变化，明白了他人的需求，待人接物才能贴心、细致，否则很可能驴唇不对马嘴，再卖力逢迎也是枉然。

一个月的礼仪培训不仅让我有机会受到了专业的礼节仪态训练，能够在待人接物时表现出热情、大方、得体的风度，更为关键的是，让我深刻理解了洞察力的重要性。不管是与别人交往，还是为别人服务，一定要从细微处洞察对方，要把自己的脚穿在别人的鞋上，真正从别人的需求出发去考虑问题。懂得洞察，才能洞明，这不仅是一种方法论，更是一种哲学。

培训结束后，我在外事办做接待翻译工作。要说外事办工作有多难，也说不上，联络领队、接洽、翻译、食宿、安全、提问、记录、录音、拍照，把所有这些工作单列出来看，真不难，笨人也能干。可把这些工作捆绑在一起一块儿干，而且全部落实到位，不出纰漏，绝对不容易。你如果事先不做周密的布置，不对突发事件做好预案，或与同事配合不好，就很容易出纰漏，导致手忙脚乱。

20世纪70年代初，我国有几项历史性的外交成就。1971年，第26届联合国代表大会恢复了中国在联合国的合法席位，包括安理会常任理事国席位。同年7月，基辛格访华，预示着中美关系开始破冰。1972年2月，尼克松访华，而围绕他访华出现的“乒乓外交”则成为世界外交史上的一个创举，中美发布联合公报后，中美关系进入了一个新的历史时期。同年，田中角荣访华，拉开了中日邦交正常化的序幕。伴随着外交领域取得的历史性成果，与消沉的60年代相比，国内的外事活动渐渐增多。

我国外交格局的趋势性变化，对我们湖北外事办的工作也产生了巨大的影响。随着彼此外交关系的确立，很多美国、日本的使团来武汉交流访问。回忆起来，当时武汉可逛的景点真的比较少，汉口平展无坡，到处都是简陋低矮的民房，唯一可看的就是东湖和归元寺。在湖北外事办工作期间，我见过最著名的外宾是缅甸总统吴奈温。

吴奈温当时从北京飞缅甸途中需要在武汉加油，因此要在武汉停留四五个小时。虽然只是四五个小时的接待任务，我们外事办整整准备了两三个礼拜，想了几套方案，并把吴总统及随行可能提出的任何要求都进行了预想，并做了充分的准备。

吴奈温的专机飞抵武汉后，事情反倒简单了，没有提任何要求，只是吃了一顿饭。倒是我对随行的缅甸总统办公室主任印象很深刻，那人异常精明，一下飞机，就拉着我问有几位领导来接待吴总统，我当时不明白什么意图，只是向她报了人数，并对几位主要领导做了介绍。后来我才明白，敢情这办公室主任知道人数和职务后，在短短时间内就给每个人准备了礼物，心思之细密，行动之敏捷，让我叹为观止。

另外一次印象深刻的外事活动，就是去北京见了美国人鲍勃·霍普（Bob Hope，1903—2003）。

霍普是美国20世纪四五十年代最著名的喜剧演员，还是电视主持人、脱口秀谐星及制作人。他曾获5个奥斯卡特别奖，18次主持奥斯卡颁奖典礼。他在近六十年的时间里，多次赴海外为美国大兵进行慰问演出，是美国人心中的头号“爱国艺人”。霍普2003年去世时，小布什亲致悼词。

碰巧霍普与伯明翰大学合唱团一个时间来华访问，霍普出席正式场合总是穿着细条纹西装或者酷酷的短装夹克，既优雅，又时髦。不夸张地讲，直至今天，我都认为没有哪个明星能在气质上超越霍普。霍普的绅士范儿是从内心投射出来的，无法用“帅”字去形容他，而“酷”字又显得不够贴切，他所呈现的气质既有张扬的一面，又不失理性沉着，独特的个性魅力让我印象深刻。正像有美国媒体说的那样，连鸟儿都逃不过他的魅力，的确如此，他的幽默透在每一个细胞里，的确是可以与卓别林齐名的喜剧大师。

我作为全程陪同翻译，有幸单独与霍普聊了十几分钟。谈话的很多内容都已忘了，只记得霍普告诉我，他目前的工作是脱口秀主持人，专职批评政府，这让我听后觉得相当不可思议。聊天过程中，他要求我给他讲两个中国笑话。对此我毫无准备，又担心选错了笑话，造成误解，导致外交事故，仓促之下，我给他讲了一个司马光砸缸的故事，霍普听完，没笑，被雷倒了，估计他一定觉得中国人笑点难以理解。

霍普语言生动、富有创见，而我呢，讲个笑话像是被绊了个大马趴，太差劲了。这事之后，我认识到在外事办工作不仅外语要好，还得掌握沟通、交流的技巧，以及外国文化和用词，才能幽默得起来。只有如此，你才能利用一切机会，以外国人能够接受和理解的方式，把中国的文化和历史，极富活力和创造性地介绍给外国人。

在外事办工作是我人生的第一份工作，也是相当重要的一段经历。作为外事工作者，感觉自己代表着国家形象，时刻提醒自己说话做事要认真、细致、得体，要获得外宾的信任和尊重。开始时会觉得不习惯，觉得像是进入另一种行为模式，长此以往，不这样反倒不习惯了。

人生的第一份工作就像衣服的第一颗纽扣。这颗纽扣钉得好不好，会影响甚至是改变一个人的一生；反之，如果钉好了，会为自己建立起一套好的做事方式和思维方式。在我看来，一个人最宝贵的财富莫过于是那些从一开始就形成的好习惯；相反，一个人最严重的败笔，大多是坏习惯累积引发的质变。

在外事办工作了几年后，从思想封闭的状态中走向开放，知道世界其实很大，毕竟外事办的工作给了我奔跑穿梭于全国各地的机会，拓宽了我的眼界。渐渐地，我怎么看武汉都觉得小，改变狭窄的生活的渴望要远远大于安于现状的惰性。当时的条件下，出国自然是不敢想的，只能想着通过考研打进北京城，开阔一下视野，重塑一下命运。

1980—1985
北京

脚踩风火轮的研究生“倒爷”

1980年，我考上了北京广播学院（现为中国传媒大学）新闻研究所研究生，这是我无数个日夜辛苦备考换来的犒赏。在此后的三年，广院的核桃林、白杨树，还有那首校歌《校园里有一排年轻的白杨》，深深地印刻在我曾经激情与温情交织、充满理想和梦想的年纪，美好的求学回忆永驻我心，从不曾磨灭。

在班上，我年纪倒数第二，同学中有很多“老三届”的大学生，不少已经成家并有了孩子，他们因在人生最宝贵的十年里失去了读书的权利，故而对这迟来的机会备感珍惜。他们学习的劲头已经不能用刻苦来形容，用发狠来描述都嫌不够。晚上熄灯后，他们还在水房里、走道里看书学习，学到几点我不知道，我反正已经睡了。早上五点半，这帮在水房、走道里夜战的好学生，在闹铃声中准时起床，背着装满书的军用小挎包，又跑出去读书了。

当时我天天像是生活在励志大片里，周围全是读书读红了眼的主儿，恨不得把上厕所的时间也省下读书。在玩命读书的氛围中，我没有跟风，而是开始独立思考自己要走的路。

首先，我不能让自己宝贵的研究生生活陷入蛮干式的学习中，那将白瞎我风流倜傥的一表人才。跳舞、恋爱、乒乓球、骑着摩托在北京城四处晃悠，早已被我列在研究生日程表上，我不打算荒废自己已制订好的计划。

其次，以我做了几年外事工作积攒的见识分析，学校开的课，以及老师讲的东西，不能说完全没用，可到底有多大用，那需要时间给出答案。在时间尚未给出答案时，我不能拿自己的时间开玩笑。

最后，也是最关键的，我洞察到在偌大的北京城，要想出人头地，光靠死读书行不行？或许有行的，但概率很低。当时已经改革开放了，挣钱的路子多了起来，好多新事物已狼烟四起，我觉得要想在北京闯出名堂，一定要深度融入社会，从社会中找机会，而不是抱着书本等老天开眼。

如何实现我的北京梦？是个技术活儿，更是个艺术活儿，得加大马力开动脑筋，得有二皮脸般的探索精神，得有跑不垮、累不坏的奋斗劲头。

第一步，找关系。地球人都知道中国是个人情社会，要想吃得开，要有关系，否则你只能遥想。作为一个刚来北京上学的学生，我在北京能找到啥关系呢？我是没有，可我父亲有啊！老爹虽然走得早，可他的老战友们还在，很多都在北京当官呢，军衔都挺高的。

于是，我遍访父亲在京的老战友。父亲的战友看到我都很高兴，我的出现使他们重新回到硝烟弥漫的岁月中。他们深情地回忆与父亲并肩作战的年代，以及战友间的真挚感情。出于对父亲的怀念和情谊，叔叔伯伯们对我自然也很亲热，不仅热情款待，给我各种好吃的，还要求他们的子女跟我好好处，把老一辈的那份感情在下一代手里维系下去。

从情感的角度看，通过与父亲老战友的交往，我对早逝的父亲有了更多的了解，对父亲和他所处的那个时代有了更深刻的认识，也与父亲战友的下一代结了友谊。这种有着家世渊源的友谊，往往有种天然的紧密和稳固，也消除了我对北京的陌生感和孤独感。

从现实的意义讲，通过遍访父亲的老战友，等于认识了一批在位的领导，自己的人脉圈子拓展不说，关键是通过与这些位高权重者的交往，我自己的成熟度提高得很快。后来，我总结，年轻人最好不要老跟年轻人混在一起，要学会跟年纪大的人交朋友，这样能增长见识，也能发现很多同龄人给不了你的机会。除此之外，认识了战友的子女们也是好处多多，他们在京城这地界算是二线高干子弟了，有时候办事比他们的爹都管用。

第二步，打地基。要想毕业后在北京扎根，得找个北京单位，这个不愁，当时本科生大多都能留京，研究生更不必说。除了单位，还得有套房子吧。可我是一个穷学生，不可能有买房子的钱。

当时房产商品化程度低，房子买卖比较少，换房倒是有，不知当时是谁提示了一句，我就上心了。我家在武汉有多余的一套房子，我天天跑到房地局查看换房信息，就是找机会将武汉的那套房子换成北京的房子。

呵呵，念念不忘，必有回响，机会还真被我撞到了，有户北京人居家迁往武汉，想拿自己在宣武区虎坊桥的房子换一套武汉市区的房子，我看换房信息看得勤，是第一个跟她联系换房的人，并最终成功交易。在北京二环内有了套房，还是个小两居室，我的北京梦算是有地基了。

第三步，挣大钱。20世纪80年代有个特征，人人都有激情，是继往开来的激情，是甩开膀子挣钱的激情。当时来钱最快的，莫过于倒买倒卖。因为当时物资非常紧缺，只要你有路子弄到好东西，不管是鞋子、手套，还是电视、钢材，随便加个价就能出手。当时买东西不论贵不贵，只问有没有。

我觉得自己有路子、有房子，就差挣点钱了，于是也想做倒买倒卖的生意。我那时野心贼大，看不上倒一般的东西，起步就设定为倒摩托。20世纪80年代，摩托车是富裕的象征，不夸张地说，骑着一台摩托车，再配一个双卡录音机，走到哪儿，都能镇半条街；随便停哪儿，都会引来羡慕的眼光。那时骑摩托车的感觉，比现在开奔驰、宝马可牛多了。想来想去，我决定像人家一样以倒车来买车、养车。80年代真是一个疯狂的年代，东西天天在涨，凡货就供不应求，那就是说，你要弄到紧俏的摩托，就很容易加价卖掉。

经过分析，我总结出要倒买倒卖摩托，要具备三个条件：一是在市局车管所要有关系，低价收来的手续不全的车，要上到户并办下入城证。关系我有，父亲老战友们的关系，弄军人通行证、铁路军运三联单没有任何问题，有了这些手续，我就能从广东把摩托运到北京，然后把摩托上好北京牌。二是要懂车，不然反被骗。也只有懂车后才能鼓起如簧之舌，胸有成竹地说服买主或卖主。比如，雅马哈方灯100与雅马哈YB100差价为何大？铃木100的优缺点？本田70为何比本田90还贵？本田145力好声雄但电瓶爱坏；本田CG125为何贵？怎么区别活路车？三是要会修车、刹车、装车、做车，至今我还记得怎么做这些活路，比如消声器改造、汽缸气环除积炭、清洗化油器、改空滤、调电子正时、改飞轮、调气门……

掌握了倒买倒卖摩托的关键技术，我和一帮子弟开始巧卖巧买。从广东进来4000元的摩托，运到北京来卖8000元。来回倒两趟，我把自己的摩托车整出来了。

1982年前后，我拥有了两辆顶配的本田CG125摩托，当时北京最高档的摩托，耐用，省油，扭力大。四冲程风冷单缸，前后鼓刹，有独立的速度表和转速表。这款车子直到现在还有很多“影子”。现在国产有很多的厂家是模仿这种古老的顶杆机。有了本田125后，我有事没事就擦车，开在街上爱按喇叭，似乎想提醒人们：咱终于屁股后面冒烟了！咱是北京的上流社会了！

从事倒买倒卖摩托车生意，我成为80年代初“倒爷”群体中的一员。“倒爷”是那时经济生活中新出现的群众语言，主要是指那些在改革开放后，在流通领域中的倒买倒卖各种商品的个体经营者。“倒爷”这样一个名儿，比叫“二道贩子”文气，又比叫“做小买卖的”贴切。那时候的“倒爷”，虽鱼龙混杂、形形色色，基本都是个体户出身，穿着流里流气，行事匪气十足，像我这样高学历的研究生“倒爷”极其罕见。

我曾想过，如果当时我不出国，而是留在国内倒腾，会有两种可能，一是发大财了，以我的个性，我不可能将改革30年进程中的无数次黄金时机错过，只要随便抓好抓牢，成功会比在美国来得更快、更容易，上个富豪排行榜应该有可能；二是进局子了，我敢闯敢干的劲头，难免会因抓一些灰色机会而埋下祸患的种子，保不齐就会进去。事实上，当年跟我一块儿玩摩托的，当时都是北京最早一批万元户、有钱人，可后来有的吸了毒，有的坐了牢，真正做大、做强的没几个。从这个角度看，我出国还是对的。

关系、房子、钱，在我研究生还没读完的时候已经悉数拥有。当其他同学还背着军用小挎包泡图书馆时，我则开着拉风的本田125在北京城风驰电掣，扫荡式地吃遍北京的各种好饭馆。

在读研期间，除了按部就班地闯社会，实现我的北京梦。在校园里，我也是数得着的风流人物。我外语好，又在外事办工作过，所以广院很多外事活动，学校都会找我当现场翻译，相当风光。

记得当时我主持过很多有老外当观众的表演，在主持过程中，我讲的英文笑话能把老外逗乐了。我还全程接待过俄亥俄州电视台一行人来北京拍摄专题片，翻译准确，思路灵活，保障有力，深受好评。

除了在外事活动中抛头露面，我和哥们儿老丁还是广院当时的舞会明星。当时广院开舞会，一般都是临时征用食堂作场地。那时的女孩个个素面朝天，身材含蓄，有那种80年代所特有的美。

我和老丁在那个美好的年代有着美好的舞姿，自然女舞伴众多，那种幸福感无法用语言描述。直接的后果是，我成为传达室老头呼叫接电话频率最高的男同学。当时的学生宿舍，只有传达室有电话。传达室老头是山东人，他在一楼东头，我住西头，每次有我电话，老头都站在宿舍楼下，声若洪钟地用山东腔调吼道："李粽子，电话！"

在广院的日子，与学习无关的事，我都干得挺好。那我学习怎么样？倒是不含糊。虽然苦读不够，可我人缘好，跟老师处得好，好到他不好意思给我打低分；跟同学处得好，好到可以肝胆相照全力帮忙。综上所述，我成绩不错。

还有两件小趣事值得说说，我爱吃茶水煮鸡蛋，晚上熄灯后，我点个小酒精炉，煮几个茶叶蛋，吧唧吧唧吃得那叫一个开心。有一次，吃高兴了，就对同宿舍的老大哥说："你古文好，就说一句古文描述一下我吃鸡蛋吃欢快的心情吧。"老大哥信手拈来，说道："天下之幸事莫过于啖卵。"

我听后，不禁击节叫好，觉得一语道破世间真相，相当哲学。两人接茬儿一聊，我发现是自己听跑偏了，人家说"啖卵"是吃鸡蛋的意思，我听成"天下之幸事莫过于蛋卵"。哈哈，是我耳朵听流氓了。

毕业论文答辩时，老师问我一道关于美国国内战争期间《铜头蛇报》的题，我答不上来，被同学戏称："李中子答辩时，被铜头蛇咬了一口。"

20世纪80年代的我像个充电器一样，一只脚留在课堂，一只脚踏进社会，将学理研究与社会实践相结合。80年代的年轻人会实实在在地感觉到，这个社会的变化跟自己的努力有关。80年代的年轻人有着一种理想主义的情怀，一种开放的胸襟，有嬉皮士的放任，也满怀着精英野心。我深深地认为，我与那些苦读书的同学，其实在精神上是有共通性的。做的是不同的事情，但互相呼应，同气相求。80年代年轻人对友情的重视和依赖，和中国传统的伦理观念有很密切的继承关系。那种友情是一种烫人的纽带，非常活跃的思想生活，充满了激烈的冲突与争论，同时又互相激励，时至今日，仍然让我充满怀念。

1986—1995
俄亥俄

你好，美国

我研究生毕业后，留在广院当老师。开始的时候我没有代课，而是去中央广播台、中央国际广播电台、中央电视台做了半年的调研交流，一方面是为了开阔眼界，增加传媒领域的实践经验；另一方面，也想看看中央台是否比广院更有发展前途，是否值得我想办法调过去。

不过对于是调去中央台，还是留在广院，我并不太当回事。因为当时我虽然还不到30岁，不夸张地说，我已经是北京城的上等人了。在玩摩托车的万元户圈子里，我的研究生学历是最高的，而且还在广院当老师，身份听着多上档次；在知识分子圈子里，我算是相当会挣钱的，还没毕业，就有一套二环内的房，还有好几辆摩托，跟我一块儿玩的不是高干子弟，就是万元户，路子贼野。现在凤凰卫视的主席刘长乐当时就跟我很熟，他当时是广播学院他们那个班的班长，我是他们的外语老师，开始因为上课安排需要沟通，我俩有了很多交流的原因。和长乐交往后，发现我俩脾气相投，在很多话题上都很谈得来。

插段题外话，我后来出国后，跟长乐见面的机会就很少了。20世纪80年代后期，我在俄亥俄读博士期间，接到长乐的一个电话，他人在得克萨斯，要买两辆奔驰560回国。我说可以啊，长乐，恭喜发财！那次长乐时间紧，我俩没在美国见上面。90年代初，我在美国又接到了长乐的电话，他在西雅图，要帮人买波音747回国。我心里赞叹长乐发展神速，不过五六年工夫，就从奔驰跨越式发展到波音747了。之后不久，在广交会的贵宾室，我和长乐又见面了，长乐告诉我，他在做房地产、加油站、码头之类的大生意。

广交会后，我和长乐八年未曾再见面。直到90年代末，我们在北京紫金宾馆有缘再聚。那时，长乐已经是凤凰卫视的当家人了，他跟我聊了两个项目，一是把沃尔玛类型的大商场引进中国；二是拍摄海外华人精英的纪录片……

跟长乐从认识到相处有二十多年的时间了，我觉得他之所以能有如此成就，原因至少有三：一是他有大的战略格局，买了汽车，买飞机；买了飞机，买码头；买了码头，买电视台……一直在进取，从不故步自封，不断开拓自己事业的版图。二是他洞察力非常敏锐，能用超人的前瞻性和预判性来看问题。三是他非常有亲和力，待人接物周到细致，重情重义，这也是他卓越人际关系处理能力的表现。

1984年前后，我接连发了好几笔财，其中一次就赚了7000元的外汇券。我先解释一下什么叫外汇券，在80年代的时候，外汇券是满足来华的外国人及归侨在国内购物需要，同时又使他们区别于国内居民，国务院授权中国银行发行外汇兑换券。当时，外汇券是特权货币。有了外汇券，人们在中国就可以买到进口商品，可以在特殊的地方消费，如宾馆、友谊商店、免税店等；也只有在这些地方，人们才能买到当时被视为奢侈品的高档货——人头马的洋酒、万宝路香烟、彩电、瑞士手表，还可以换美元，这些都是人民币所没有的功能。

这笔钱赚得其实很容易，只是帮美国大豆协会的会长翻译了一些资料，工作量在我看来并不大，只花了不到两个礼拜就完成了。在接受翻译工作之前，我并没有与大豆协会的会长谈价钱，我根本不知道他会给多少钱。因此，当我发现他塞在我包里的钱，竟然是7000元外汇券时，我简直要膜拜自己的赚钱能力了。要知道，当时普通人上一个月班也就几十块的工资，1000元外汇券可以在北京二环内买套房了，7000元能买栋四合院了，我居然花了两个礼拜，兵不血刃就赚到了当时貌似别人要打拼一生才能赚到的钱。

那段时间，我帮美国饲料谷物协会的会长翻译资料，收到了一个价值500港币的银灰色录音机；教大豆协会的会长中文，赚到了400美元的学费……我在广院当老师，一个月工资只有54元人民币，可我随便赚点老外的钱，就数以千计，在毕业后短短一年的时间内，我靠给外事机构做翻译，教老外学中文，就赚到了4000美元，相当于我几十年的工资。

有了房，有了摩托车，有了好工作，还有几千美元的积蓄，我当时绝对北京城高标准的成功人士。不到30岁就成功了，短暂的兴奋之后，一种空虚席卷心头。那种空虚像是一种失去奋斗动力的茫然，曾经憧憬的、想拼命争取的，很快都得到了，那接下来怎么办，就这样了吗?

思来想去，我决定出国读书，原因有三点：一是出国读书是一件充满挑战的事，尤其是在那个没有互联网的年代，出国读书就像是去见一次外星人，意味着你将超越自己现有的认知，到达一个全新的境界。在我看来，求知欲是比性欲更持久和更让人无法抵御的欲望。去国外读书，很多人的确是为了探寻未来，为了对另一种生活的求知欲。去国外读书，不论是收获善意，或是直面艰难，对于没有经历过的人来说，终归是一种有吸引力的挑战；二是当时中国正迎来第一波出国潮，很多知识分子及精英，都将出国视作一种充满成就感的事；三是通过帮老外翻译资料，以及教老外中文，赚到不少钱，让我潜意识中有种错觉，那就是老外的钱好赚，这或许是我下定决心出国的一个重要诱因。

记得柳青在《创业史》里说过:“一个人一生的道路虽然漫长，但紧要处只有几步，特别是在人年轻时候的几步……”我是个思定之便笃行之的人。既然准备了要出国，那就行动。我在北图查了资料后，向二十多所大学寄去了申请函。正在联系过程中，我的机会和贵人来了。在美国，俄亥俄州立大学电视台 WOSU 沃兹台长带了一个摄制组来北京拍纪录片，北京广播学院负责接待，我是翻译。当时他们拍了七八个专题，包括杂技、教育、体育等，在帮他们联系拍摄对象，落实拍摄内容方面，我不辞辛苦，把配合服务工作做得相当到位，老沃兹对我的印象很好，临别时嘱咐我，但凡有机会来美国，一定要跟他联系。

老沃兹听说我想来美国读政治学的研究生，主动提出帮我联系俄亥俄州立大学（Ohio State University）。后来我才知道，美国的很多电视台都是挂靠在大学里，跟大学的关系非常密切。两天后，老沃兹从美国给我打来电话，让我不要再申请别的大学了，他已经申请好了，政治系将会录取我。

政治学这个专业是我选的，因为当时我的志向是从政。由于政治和人们的生活息息相关，它的功能主要是公民教育、公共机构教育、政策研究和指导、参与公共事务等，所以这门学科在我看来是可以承载我理想的。

20世纪初，政治学逐步在美国的大学以及研究所里面扎根，成为大学专业教育和学术研究的重要组成部分。在我当时看来，自美国总统大选以来，关于美国政治的言论，以及研究就深深地影响着世界，每次美国总统大选都成为世界性的大事件，对于志在从政的年轻人来说，在美国学习政治学，亲身接触美国的政治实践，是激动人心的事。

政治学是一个涵盖量很广的学科，比如美国政治学（American Politics）、比较政治学（Comparative Politics）、国际政治学（International Politics）、政治学理论（Politics Theory）、政治学方法论（Political Methodology）。学生可攻读本科学士、硕士和博士三种学位，我攻读的是博士学位，只要我修完博士课程，论文答辩合格，我将能拿到政治系的硕士文凭和博士文凭。

去美国学政治学，我觉得是找对了路子，学好了有机会经世济民，学不好也能混个一官半职，政治学在中国是显学，在美国应亦如是。再者说，自己在美国是老外，语言肯定还是不行，学文学和新闻恐怕都没太大意义，自己以前做过外交工作，学学美国政治学应该不错。那时，我有种盲目的自信，觉得以自己一身机灵劲，玩转美国应该不在话下。

出国前，我把全部的积蓄4000美元带上，还购置了两皮箱中国工艺品，像什么丝绸、景泰蓝之类的。我对这两皮箱工艺品非常看重，觉得要想在异国的老师和同学中打开局面，就靠这些中国舶来品，分别送出去，必将收获一堆好人缘，就像我曾经在广院做到的那般。

带着4000美元和两皮箱中国工艺品，我踏上前往美国的班机。那时的心情可说是踌躇满志，气吞万里如虎，各种美梦的图景挤着出现在脑海里，让我在漫长的空中旅行中，竟睡不踏实。直到飞机盘旋在美国领空，我切实看到了下面的美国国土，才兴奋起来，在心中大喊："美国，我来了！"在这里，我不仅要学习，更要奋斗，在这片土地上。

原以为靠我一口流利的英语，机敏的头脑，玩转美国大学不在话下。不承想，在俄亥俄大学上完第一堂课，我彻底蒙了。我英语虽好，但是在课堂上，教授讲话速度飞快，一连串从未接触过的专业术语，我听起来非常困难。道理很简单，就像一个懂中文的外国留学生，如果第一次听到诸如"发改委"、"证监会"这类的术语简称，即便他中文语法学得再好，也肯定是听不懂、跟不上的。同理，我从社会主义国家穿越到美国的政治学课堂，大量的历史背景术语、简称，统统云里雾里。往往是老师叽里呱啦说了一阵，转向黑板，写了一行字，我立刻抄了下来。然后他又说了一阵，转向黑板，又写了一行字，我又抄了下来。一堂课很快过去了。下课后，同学们一个个地离开，只有我还一脸茫然地望着黑板发愣。准确地说，一堂课下来，我只有20%到30%的内容能听懂，真是绝望。

我不仅不懂课堂上老师讲的简称和术语，更要命的是在中国学的那套思想正确的价值观完全被颠覆。美国的政治学教授不讲对错，没有国内那会儿放之四海而皆准的标准式判断，只讲知识，不分析社会意义、历史意义，极少提及普遍规律，完全用数字、统计、案例来分析政治，尤其是统计学教授讲矩阵式政治学，完全用统计数字来分析政治，将政治、选举模板化、标准化。没有熟悉的政治标尺考量，我极度地不适应，满腹祖国山河一片红的经纶完全派不上用场。确实，对于一个社会主义国家80年代的文科硕士，要瞬间穿越性地接受一整套系统、科学、数据化的美国政治学体系，难莫大焉。

美国政治学的学生入学条件比较高，必须SAT分数1000以上或者ACT成绩不低于21，而且对数学和英语能力要求也不低，GPA或者其他类似的英语能力测试必须达标。因为录取都是高才生，因此在政治学课堂上，老师讲授的知识量、信息量都极大，列的参考书多得翻都没时间翻，着实苦了我这个初来乍到的中国留学生。

在学习上遇到了阻力，那在人际交往方面是否能蹚出条路来，我那两大箱礼物是否能为我斩获好人缘呢？答案是否定的。我带来的两皮箱礼物，本想送给教授们，借机跟他们拉近距离，联络感情。谁知道教授大多都不敢收我的礼物，仿佛收学生的礼，如同接受一种贿赂。

记得我打算将一件丝绸睡衣送给一位政治学教授，老头很喜欢，看着料子跟我开玩笑说，穿上它睡觉会不会半夜滑到床底下。可要不要收下这件睡衣，老头拿不定主意了，思谋良久后，说："詹姆士，我现在不能收，我得回去问问我太太，听听她的意见。"我一听晕了，50元人民币的东西，还请示老婆大人。

曾经让我玩转武大和北广的人际攻略，在俄亥俄几乎是彻底失效了。不仅如此，美国人的做事方式和文化习惯让我觉得自己必须要调整中国式的思维方式，否则处处碰壁在所难免。举两个例子，有一次，教授布置一篇作业，要求每人写5页纸。有人大约才思泉涌，写了20页，教授看了前5页之后，就停下来，将后15页直接扔进垃圾桶。教授的评语是"你的开篇很精彩，但遗憾的是你没有写完……"教授的观点是要求每人写5页纸，这就是一种规则，你接受这项任务的前提是你得遵守规则，你写了20页，就是破坏了规则。如果我全部看完这20页，那就是默许了你对规则的破坏，这样的话，对别的遵守规则，只写了5页纸的同学而言，就是一种不公平。因此，为公平起见，我只看前5页，后15页不论写得多好，也只能进垃圾桶。教授的做法代表了一种美国式的价值观，尊重规则，尊重别人。

另外一个例子是，我跟一位教授约好周三中午12点钟在他的办公室见面，谈点课上学习的问题。周三上午我上完课后，想着应该送教授一件工艺品，于是匆忙赶回租住的地方拿了一件中国工艺品，然后着急忙慌地赶回学校。最后，我赶到教授办公室门口时已经12点5分了。

年轻倜傥的教授说道："詹姆士，我们的会面时间原计划只有

10分钟，可你迟到了5分钟。哦，现在已经过了6分钟了。好吧，你只有4分钟时间了，够吗？”

4分钟讨论一个艰深的学术问题，这不可能，我要求教授是否可以顺延一下约会时间，多给我几分钟时间。教授坦率地说：“No，詹姆士，4分钟后我还约了一个学生，他应该已经到门口了。”

唉，这一问一答又耗掉了两分钟。我无奈地问他：“是否可以再约一个时间见面。”教授认真地翻了翻自己厚厚的记事本，我瞄过去，看到了各种日程表，什么打高尔夫，如此等等。教授翻了近一分钟，高兴地说：“詹姆士，一个月以后的今天我们可以见面。”

我晕，一个月以后，都考完试了，这个问题似乎都失去讨论的必要了。我央求他是否可将下次会面的日程提早一点儿。教授遗憾地拒绝了我，说时间已经排满了，只能等到下个月了。

10分钟的时间到了，我只能离开教授的办公室。通过这件小事，我由衷地感受美国是一个纯粹的资本主义国家，不会讲太多人情，做事就要尊重规则，要尊重时间，把时间举在头顶上过日子，做人要守时守信。一旦违背这个定律，你会处处碰壁。

残酷的现实像一套组合拳，重重地击打在我脸上，让我梦醒，美国不比北京，这里没有父亲的老战友，没有抖机灵就得到通融的机会，没有熟悉的思维方式和价值观，我像是一个从负数开始努力的人，所有的艰辛已在我面前逐渐展开。

与其冻死，不如冬泳

1985年，来美国的时候，我有4000美元，是作为一个北京上流社会成功人士的身份来美国读书的。真正来了，才发现这点钱杯水车薪，在美国只能算是赤贫阶层。一个季度的学费就要1700美元，交过学费，兜里只剩2000多美元了，还要租房吃饭。

在哥伦布想租到便宜的房子很难，通过几天艰辛地寻找，我终于找到一个租金低廉的地下室。可我去实地看了看房子，心顿时拔凉拔凉的，潮湿狭窄不说，门对面就是一台巨大的烘干机，24小时无间歇开转那种，在地下室这种回音很大的空间内，烘干机就像一辆大货车一样吵。如果我住这儿，除非把耳朵堵死，否则别想睡觉了。

实在找不到便宜的房子，我几乎是被逼着租了一个五居室，然后用尽全部力气将其中四间转租出去。经过转租和分摊房租，我才算是以相对低廉的租金解决了住宿问题。记得当时房子里空空如也，所有的家具都是我从街上捡回来、背回来的。可即便如此，房租一付，我那象征成功人士的4000美元已经所剩无几了。

没钱肯定不行。我想通过打工解决未来的学费和生计问题，可美国政府规定海外留学生只能在夏季才可以开始打工。如果你打黑工，就意味着违法，而且连社保号都没有，在俄亥俄那样相对保守的地方，打黑工的机会也难以找到。

我的第一个学期是在艰辛的学习压力和缓慢的适应中度过的，时间一天天过去，转眼第二学期就要到来了。此时，我的积蓄已经就剩几百美元，根本不足以支付新一轮次的1700美元学费。

没钱是硬道理，没钱是不可抗力的，于是我想到了放弃。在一个寒冷的夜晚，望着窗外俄亥俄的鹅毛大雪，我落泪了，这是我成年后第一次流泪。我对自己说，算了吧，还是别在这儿挣扎了，美国的学上不起，美国的钱赚不到，饿死他乡，有辱先祖。我还是回北京吧，好歹也算出了趟国，开了开眼，而且还剩下几百美元，足够我回北京买辆摩托的（出国前，我满怀豪情，已将摩托都处理掉了）。我觉得有了辆摩托，我还是可以在北京装上流社会人士的，也不至于太跌份。

听说我计划打道回府后，姐姐给我写了一封信。姐姐在信中劝勉我，说我是家族里最优秀的孩子，能到美国闯荡已经很了不起了，家族里所有人都为我感到骄傲。如果遇到困难，家里会倾尽所有支持我。

姐姐的信让我感慨万分，感受到了一种强大的力量，我决定为了家族的荣誉，选择坚持。人可以认输，但不能轻易认输，否则认输会成为一种习惯性流产，伴随在你人生后面的关键点上。受到姐姐的鼓舞，我一口气想了十种可能让我继续留在美国的办法，打算全部试一遍，如果统统失败，那也就没有遗憾了，因为我已经竭尽全力了。

方案一，我去找系主任谈了心，坦陈自己遇到了经济危机，想问问系里是否有助教的机会，我是否可以尽快申请到。我是俄亥俄大学第二位来自中国大陆的政治学留学生，系主任其实打心眼里不想让我走。他思谋半天，说系里有个助教的职位，我可以试着申请一下。如果申请成功，不仅可以将学费免掉，还能少少地挣一点儿钱，但他并不保证我能申请到。

在我提交申请两天后，我邮箱里收到了助教任命函。我申请成功了，争取到了助教的机会，扣过税后能挣到600多美元。更让我高兴的是，有了助教的职位，学校免去了1700美元的学费。学费的减免，让我如释重负，也增强了我在美国完成学业的信心。

方案二，我找了州电视台的台长，介绍我来俄亥俄大学的老沃兹，询问他有无兼职的机会可提供给我。老沃兹了解到我面临的困难后，热情地表示愿意全力帮助我，并爽快地给了我一个在电视台打零工的机会，这样每个月能赚到600多美元。

谢天谢地，我试行了两个最可能获得成功的方案，居然都幸运地获得了成功，其他八个就不用去试了，我终于可以留在美国求学了，虽然艰苦依旧，但我已经心无畏惧。

记得那时为了省钱，我买最便宜的面包，天天吃鸡肉炒圆白菜，因为鸡肉是超市里最便宜的肉，圆白菜是超市里最便宜的蔬菜。业余时间，顺道教一位美国朋友学中文，10美元一小时，一个礼拜教一次，一个月下来，可以解决我的面包钱。平时一旦有难得的空闲时间，我就去散步，一边闲逛，一边捡家具。学校里有些富裕的学生会不断更新自己的家具，淘汰下来的旧家具，便被我这样的穷学生或收垃圾的捡走了，既可以卖掉，也可以自己留着用。

从第三个学期暑期开始，我便可以正式打工了。第一份工作是在一家比萨店送外卖，那是一家连锁店，在美国有好多店，普通的美国人都知道。

我的第一份工作并不顺利，店里的白人胖子经理有种族歧视，对我既不客气，又处处刁难。除了趁我不在的时候开饭之外，他还总是将路程最远的外卖单派给我。路程远意味着别人可以送两份外卖，我只能送一份；别人能收两份小费，我只能收到一份，流的汗比别人多，赚的却比别人少。这还不是最烦人的事，关键是美国是一个有高度发达商业文明的国家，美国人十分讲究效率和质量，如果你送餐不及时，他们会认为你没有效率，将不再是你的回头客。美国的比萨店为了迎合消费者的这种习性，通常都会采取这样的做法，如果送外卖超过了规定时间，那就将比萨免费送给客户，损失会从送外卖者的工资里扣除。由于我总是被派到路远的单子，我因不能准点送达而被扣工资的概率最高。

每天晚上，我都会读书读到很晚，自然严重缺乏睡眠，白天还得在比萨店方圆10公里内疲于奔命，还常因路远晚点而被扣工资。为了扭转这种被动局面，我主动向白胖子经理提出，我愿意去谁都不愿去的贩毒区去送外卖。

其实我并不是勇敢，而是我分析过，给毒贩子送外卖，只要英文够好，听得懂他们跟你打招呼，或者能通过聊天减少他们对你的不信任，一般不会有什么危险。给毒贩子送外卖，也有好处，他们来钱容易，给小费大方。记得当时的贩毒区周围电线上常常吊着一只只鞋，我后来才知道那是“有货”的标志。

除了毒贩子，黑人出手也很大方，只要他有钱。而白人和东方人一般按常规给，不多不少。小气的客人也有。曾遇到一个印度人，九块九毛九的单子，给十块钱，还说：“Keep the change！”（请留下找头！作为小费的意思。）于是我拿出一个4分，对他也重复了一句：“Keep the change！”（请留下4分的找头！）

有一次，一个黑人老妇女在店里吃比萨时吃到了苍蝇，黑女人怒喊：“有苍蝇，太恶心了，叫你们经理来！”这在美国是了不得的大事，比萨店是要吃官司的，而且官司一打起来就会没完没了，什么精神受损费、律师费等，足可以让这家比萨店马上关门。

白胖子经理吓得脸色都青了，绝望地问我们该怎么办。我出了个主意：“你去把苍蝇吞掉，就诬赖她看错了，那是块烧焦的黑肉。”白胖经理依言行事，勇敢地冲出去把那只苍蝇放在嘴里。呵呵，结果黑女人还是起诉了这家店，看着白胖子经理不仅吃了苍蝇，还得每天疲于应付官司，我心头怎叫一个“爽”字了得。

遥想当时，生活艰苦，不仅每天辛苦挣钱，而且还拼命省钱。听一个留学生说，打国际长途如果不到一分钟，电话公司是不Charge（收费）的。于是，我给家里打长途时，不怕烦琐，前前后后一连拨打了18个不到一分钟的电话。

一个月后，电话账单寄来了，18个电话都收费了，而且还有税。我瞬间明白了，如果只打一个一分钟的电话，你可以告诉电话公司没有接通，他们会相信你。可你一连打了18个电话，怎么可能都不通呢？这件事算是买了一个教训，美国固然是无罪推定的国家，但是建立在诚信的基础上，如果你一旦欺诈，付出的代价也是惨重的。不过，说到底还是没钱惹的祸啊！

在北京，我穿着西装，揣着外汇券，开着摩托，演绎着各种嚣张；在美国，我身着工装，手端着外卖，开着破车，诠释着各种悲催，感谢这种落差对比强烈的生活，让我的人生多了一些沉淀，多了一种饱经锤炼后的强大。

吃大苦、受老罪换来的政治学博士

美国对博士的期望值和要求都非常高，远远高于硕士。有一个 Ph.D 的学位就能够说明一个人在学术上的高度和地位。我见过一位美国博士，即便后来已获得生物界 Chief Scientist 称号，但他的名片上简简单单几行字中最醒目的就是名字后 Ph.D 的字样，可见美国的博士学位之来之不易和受重视。

为了在美国扎根，能有个更高的发展起点，我在俄亥俄州立大学修完政治学硕士学位后，转而进入了政治学博士课程。

博士的考试形式是口试。一个密封的教室中坐着三位大教授，每人给考生出一个大问题，各20分钟，共计一个小时。考生在台上当场思考，在白板上画图分析，用英语讲解和回答问题。这里面其实一是考基本功，二是考心理素质和表达能力，后面这点对于很多中国学生来说不太容易，因为向来都是笔试考惯了。相反，美国学生则擅长此项，他们从小教育就强调 presentation 的训练，练的就是站在台上侃侃而谈的本事。美国是一个讲究沟通，讲究自我推销的地方。不论将来是从政，还是在商业界发展，都需要很强的表达能力，才能让别人认识你、肯定你，从而重用你。

我在美国就像是农民工子弟在城里上学，必须和一群启蒙很早、基础很好，且极其勤奋的城里孩子聚在一起竞争。靠什么，只能靠自己勤奋，埋头扎进俄亥俄大学壮观的图书馆里，不断地丰富自己。

读到了博士生这一步，我最大的心病就是原著读得太少了。理论书和二手的文献批评好读，也不好读。要读透需要有了解原著的底子，要明白人家的讨论对象，清楚人家怎样来分解剖析。如果不理解语境，没有原著的知识，读二手书没有大的益处，索然无味。因此，为了拓展自己的眼界和见识，提高自己认识问题的深度，我在读博期间读了大量哲学和理论书，而且基本以原著为主。

说起来，美国的图书馆图书多，各类书一查检索就能借到。图书馆借书的数量没有限制，这曾一度让我很惊诧。时间久了，明白了，在国内，图书馆借书的出发点是有罪推定原则，即如果你不还怎么办？所以我得对你借书的数量提出限制；而在美国，一般采取的无罪推定原则，即不会假设你不还书，所以对你借书的数量不设限，如果你确实不还，再狠狠收拾你。例如，美国的发票都是商家自己开的，有些发票甚至是手写的，同样有效，如果一旦你想投机开假发票，被抓到后会被严惩不贷，并在个人信用记录上留下污点。

美国政治学的课程结构大致由演讲、小组项目、测验和论文等组成，并且随着结构和政策方面的转向，逐渐由静态分析转变为动态分析。博士将在公共政策、国际时事及未来发展问题上进行深入的研究，而且一定要有很多的案例经验和演讲经历。

当时，为了攻下博士学位，我真是受大罪了，7颗花生米熬一宿写论文的事，一个月搞好几次。我那种熬夜是纯熬夜，就是从晚上一直工作到早上7点，洗漱一下后出门，又去上一整天的课。

不是我勇于摧残自己，而是美国的政治学博士要求太高。美国人把政治学做成科学，大量的高等数学和统计学知识融入其中。需要你查阅大量的资料，运用数学和统计学知识进行模型设计和分析。美国人喜好标准化，甚至搞政治研究也如此，恨不得推演一种模板和程式来推导实践。

读政治学博士，涉猎的知识面是非常广泛的，首先会对美国的政治体系有深入的认识，比如国会、政党、总统制、选举、利益集团政治、种族和美国政治发展、经济和政治、大众传媒和政府决策、最高法院和宪法、法律和种族等，你都会去进行学习和研究，从而对美国社会有一个综合系统的认知，比如自己就考察过美国政治文章中的总统制的内容和视角，这对于后来我留在美国闯荡大有裨益。

其次，读博自然要学各种政治理论：西方政治思想、民主及其批评、自由和平等、现代政治意识形态、政治行为中的经济理论、性别和政治、中国和日本的政治思想，这些理论性的东西，可以让人站在一个相当的高度上去思考问题，容易抓到事物的本质。后来，我发现不管干什么，只有迅速站在思考的制高点上，切入事情的本质，那么你干这件事终归是能干出成绩的。

再次，对比较政治和国际关系的学习，让我对世界其他国家的政体和政策有了深度的了解。我们要学西欧政治发展、德国政治体系、斯堪的纳维亚政治、法国政治、发展中国家政治、日本政体、印尼政治、人权政治、国际法和国际组织、美国对外政策、国际危机外交、国家安全战略、移民政治等，学了这些，对于我后来从事国际贸易，在不同的国家进行投资，与不同种族、阶层的人做生意有深远的影响，让我更容易对另外一个国家的政策环境进行评估和分析。

最后，在美国读博士的另一个收益是，在不发愁生活的前提下，你可以把精力几乎百分之百地用来思考、探索和求知。这种贵族般的待遇，到毕业了就没有了，毕业了就要考虑工作、雇主、升职加薪，或是去创业。

在读博期间，我利用假期，开始四处旅游，试图对美国的社会文化有更直观的了解。读万卷书，行万里路，老祖宗的话太哲学了。我每到美国的一个地方旅游，都会尽量找机会与当地人聊天、交朋友，用嘴巴去交流，用耳朵去聆听，寻找到这个地方独特的人文风貌。

与此同时，我也充分调动自己的灵活性，打听各种有利于发展自己的机会。我会积极与俄亥俄的政治人物接触，去亲身体察从细微处体现出的美国政治。当然，我也会做一些中美文化的交流工作，政治系的系主任政治学教授瑞普里去中国考察，我自荐当他的私人翻译。我还曾联系俄亥俄的动物园去武汉考察中国金丝猴，并最终促成俄亥俄动物园与武汉动物园结成友好单位。我的博士论文也是用美式政治学分析工具来研究中国的地域政治，为了做好这篇论文，我专程回国做问卷调查，收集齐全样本后，用学到的各种数据模型和统计公式，来探究中国地域政治的普遍规律。

美国的博士教育让人最受益的地方并不在于让你增长多少专业知识，而在于教会你系统的思考方法。虽然这个思考方法，不同的专业有不同的要求，但总而言之，授人以鱼不如授人以渔。

我觉得这句话很能体现美国博士教育的精髓。这句话说起来简单，实践起来却非常不易。虽然美国也并没有做得十全十美，但至少这个要求已经被系统化了，成为美国高等教育的一个终极追求。获得了方法，博士生们就会被要求自己去发现问题，探索问题，并且创造性地解决问题。有了方法，博士们才能获得学术自信，在没有导师撑腰的时候也能独当一面，进而获得生活的自信，不论将来从事什么职业，也会懂得用知识解构实践，并最终实践。没错，学到通用方法论和思维模式，在我看来，是读博士期间的最大收获，也是我为自己这个博士学位引以为豪的真正原因。

亲见俄亥俄州州长与美国总统

对于中国留学生来说，想要在美国拿到政治学博士学位并不是一件轻松的事情，导师不仅要求你博览群书，还要求你要学以致用，要在学习过程中多实践，这其中就包括积极融入美国的政治活动，亲身观察并感受，汲取经验并沉淀升华。

一次，俄亥俄时任州长在家里召开派对，我作为俄亥俄大学政治系的留学生，有机会蹭了进去。

政治人物召开这种精英派对跟电视里演得差不多，大家端着酒杯，三五成群地寒暄，笑声阵阵。有个小细节，大家可能不知道，参加派对时每个人胸前会别一张胸卡，写着自己的名字和身份。像大的社交派对，很多人是彼此不认识的，别张胸卡，非常方便交流。

州长走到我面前，像是见到老邻居般亲切地问："詹姆士，你从哪儿来？”我着实吃了一惊，堂堂州长，这要是在中国就是省委书记、省长啊！怎么会知道我的名字？纳闷中慌忙作答："我来自中国，在俄亥俄大学读政治学博士。"州长说："哦，太好了，我邀请你当我的选举观察员。"我听了自然很高兴，有机会体验美国的州长选举，对于一个政治学博士来说，是再好不过的实践机会了。

几个月以后，果真等到州长大选了。我打电话到州长选举办公室，接通了州长的女秘书，我告诉她，州长曾提出邀请我当他的大选观察员。女秘书让我稍等，在电话那头，好像在翻阅着什么，两分钟后，她告诉我："很遗憾，詹姆士，在观察员邀请名单上没有你的名字。"我一听颇为理解，人家州长很可能当时只是应景一说，或许并没有打算真的邀请我当他的大选观察员。

这件事过去一段时间后，我后悔了，当时我不应该轻易放弃，应该向电话那头的女秘书再争取一下，甚至我可以要求她再问问州长，核实一下州长是否记得他承诺要请我进入大选观察员名单。或许还是被拒绝，但我起码没有遗憾了。这事算是一个教训，我告诫自己，面对0.1%的可能性，也要努力争取。

我的好朋友迈克·来普是老实巴交的美国人，也是俄亥俄共和党的活跃分子。共和党在俄亥俄的重要党务活动，迈克都会提前知道消息，也会很够意思地通知我，希望我有机会更深入地了解美国政治。

有一次，迈克让我和他一道去哥伦布机场，作为共和党的俄亥俄代表，去迎接布什总统，就是老布什。老布什当时面临大选，特意来俄亥俄拉选票。我一听，觉得挺好，来美国留学，能跟美国现任总统打个照面，被亲自接见一下，将来也是值得跟孙子说道说道的事啊。

那天，我和妻子罗历歌跟随迈克来到哥伦布机场。去机场迎接老布什的都是共和党的人，不是很多，几十号人吧。我们到得比较早，站在了最前排。等了一个多小时，老布什乘坐一架波音飞机降落在机场。

美国的头号人物下了飞机，径直走到了我和历歌面前，我赶紧跟人家握手，历歌则忙着给我俩照相。我清楚地记得老布什的手冰凉，不知什么原因，我边握手合影，边对老布什说："总统先生，我是专门从中国赶来支持你的。"老布什一听，笑着挑了挑眉毛，连说："Good，Good！"

那天照了好多相，我和老布什的合影有好几张，高兴啊，以后回国能跟朋友吹牛了。

见过老布什总统的第二天，我和历歌就把胶卷拿到照相馆去洗。几天之后，去取照相时，店主遗憾地告知我，胶卷是报废的，一张相都洗不出来。我听了，差点气吐血。

迈克知道这事后，说道："我严重怀疑照相馆的老板是民主党人，如果是共和党人，这卷胶卷未必是报废的。"我觉得迈克说得有道理，可这种无头暗亏，除了自己消化，又能如何呢？！

读博士期间，我参加了不少这样的政治活动，近距离地接触了很多美国政治人物（后来我还曾见过卡特总统和克林顿总统），感受到了他们的风采和气度，还给朱明瑛在俄亥俄的专场演唱会当过主持人。在我看来，这同样是一种难得的学习机会，学到的可能不是具体的知识，而是积累了一种难以言说的感受和阅历，这样的感受和阅历积累得多了，对美国政治的理解，乃至对美国社会的理解变得更加深入。从我后来的经历看，我取得的一些成绩，很大程度得益于我的这种理解，只有深度理解才能游刃有余地融入。

历歌，从人艺台柱子到开大货车的铁娘子

我的妻子叫罗历歌，外祖父是锡伯族，外祖母是满族，因此她既有满族血统，又有汉族血统。历歌出身演艺世家，她的父亲是空政歌舞团的歌唱演员，参加了1963年《革命历史歌曲表演唱》和1964年《东方红》的创作工作，所以给她和她妹妹分别取名罗历歌（历史歌曲）和罗东红（东方红），以示纪念。

历歌1963年出生，1981年考入北京人民艺术剧院演员班，当时的主考官是蓝天野，1300多人选5个人，历歌竟然考上了。进入演员班后，代课老师都是于是之、郑榕、朱琳这样的大腕。历歌表演有天赋，朴实自然，未毕业即在《吴王金戈越王剑》剧中扮演女主角西施，获新编剧目表演奖。或许也是她演过西施的缘故，历歌当时被认为是人艺最美的姑娘之一。

历歌毕业后即留在北京人民艺术剧院，专业从事话剧表演。1984年，在话剧《家》中饰演女主角瑞珏，夺

得第二届戏剧表演梅花奖。她是人艺81班里第一位获得梅花奖的同学，在人艺的时候也是重点培养对象。后来历歌在话剧《流浪艺人》中一人分饰两角，出演母亲与女儿；在《WM——我们》中饰知青白雪；在《北京人》中饰素芳等。

按照现在的话讲，历歌当时算是人艺的腕了，她演西施的时候，宋丹丹和王姬只能站在她身后，演宫女甲、乙，连名字都没有。宋丹丹后来回忆，当时自己站在历歌后头跑龙套，连句台词都混不上，只能做顺从状或惊恐状的表情。多年后，丹丹笑言，当时的演艺生涯憋屈坏了，整天在台上看着历歌的背影，偷偷背着历歌的台词，傻傻地当着背景，只好天天盼着历歌生病，好有机会篡夺一把女一号的位子。直至多年后的今天，宋丹丹依然能分毫不差地背出当年历歌的台词。

历歌在人艺出了名，找她拍影视剧的人也多了起来。历歌先后饰演过电视连续剧《莎菲女士的日记》（根据丁玲同名小说改编）的女主角莎菲女士，《紫禁城里的大学生》中的大学生文华（曾获电视剧十佳演员提名），电视连续剧《末代皇帝》中的女主角婉容皇后，《强台风从这里经过》中战士丁大勇的未婚妻，电影《八旗子弟》中的郃大奶奶等。直至1987年她被我安排到美国，才中断了辉煌的影视人生。

我在北广读研究生期间，在北广食堂的舞会上认识了历歌。当时北京城能跳舞的地儿很少，北广食堂的临时舞厅虽简陋，但也算是当时的时尚风向标。历歌和她的同事听说北广有化装舞会，想来看个新鲜，观察、体验生活是人艺教学的宗旨，她们当时也是潮人啊！当时她俩为了省公共汽车票钱，蹬着自行车从二环一直骑到定福庄，十几里路哪！想想当时的腕和角好朴实，为了参加个免门票的舞会，愿意蹬40多分钟的两轮车。

我和老丁是北广舞会的超级达人，基本每场必到。那天一看村里来新人了，有俩生面孔的姑娘，长得好看，还不是一般的好看，鹤立鸡群，真心觉得天道酬勤，不枉费我们超高的舞会出勤率。我算个外向人，老丁算是外向人里头的外向人，还没等我反应过来，老丁已经向历歌伸出了邀请的双手。

正当我心生惆怅时，老丁回来了。原来仗义的老丁是替我摸底去了，他告诉我历歌是人艺的演员，让我抓住机会。我心头大喜，于是迅速将自己的状态调整到温和绅士型的频道，款款走向历歌，轻声缓语向历歌发出邀请。

感谢北广食堂因陋就简的舞会，让我和历歌相识。两人认识之后，倒都没有往谈恋爱的路子上想，历歌处于她演艺事业的上升期，我则忙着学习、倒摩托、飙摩托、挣老外的外快。我们成了彼此欣赏的朋友，却没有相恋的念想和契机。

认识历歌之后没多久，我就出国了，两个人似乎更是没有走到一起的可能性了。但彼此的联系还是一直保持着，我但凡有机会回国，或者带着老美回国，总会见见历歌，叙旧是假，显摆是真，毕竟历歌是个明星了，我回国能会会她，也是挺有面子的一件事。

在俄亥俄读研究生时，我突然意识到自己三十出头了，该成家了。一个人在美国闯，孤单倒是可以克服，但是不解决个人问题，心里还是有点没着没落的，也让母亲不放心啊！那找谁成家呢？目标我已经选好了，就是罗历歌同学。

算起来认识历歌也有三年时间了，虽然每次回国，我都会以老朋友之名跟她聚聚，可我统共回国也就四五次。我对她当然很有好感，她的长相是女一号级别的，做人也有侠义之气，很好相处，还是梅花奖得主，当之无愧的名角啊。她对我印象如何呢，我感觉她对我也是有好感的，但似乎还没到喜欢的程度，连暧昧的程度也还差一截哪，只能谈得上对我还比较欣赏吧。在她眼里，小伙子远赴美国读博士，敢闯敢拼，值得尊重，愿意与我做个朋友。我判断，她对我的真实印象大抵如此。

利用我在美国学的高等数学知识和统计学知识，我觉得要想利用短暂的回国时间，在国内把她拿下，概率低到可忽略不计。以历歌当时在国内的走红程度，追求者云集，各种类型的年轻才俊，各种档次的高干子弟。若干年后，我和历歌盘点过当初她的那些追求者们，发现居然有的已成长为副省级干部，有的成为亿万富翁。呵呵，由此可见，当初我面临的竞争压力有多大。

我是个相对理智的人，即便是不理智的人，经过简单分析判断，也会觉得在有限的时间内，要想把女明星罗历歌同学拿下，难度堪比六合奖中头彩。靠真诚告白成功的可能性基本是个笑话，靠经济实力打动她也不现实，我最真实的身份其实是个在混迹美国的穷博士。

怎么办？思来想去，一个灵感浮至心灵。将心比心，我当年在中国混得风生水起的，为什么要出国，不就是想圆一个貌似充满奇幻色彩的美国梦嘛。在出国潮风行的80年代，历歌也应该有个出国梦吧，那么就用出国梦诱惑她，争取把她骗到美国，趁她孤立无援，别无选择之际，将她拿下。

计划定下来后，我便找了个机会，随一个美国访问团回到国内，想全力搏一把自己的爱情。命运总是会随机嘲弄各式各样的野心家，回到北京，我还未来得及试穿自己从俄亥俄带来的西服，一场重感冒将我击倒在家，我持续高烧，连下楼的力气都没有。

我在回国前，特意告知了历歌。历歌在电话里得知我生病在家，无人照顾，于是很仗义地跑来给我做饭，照顾我。人于病榻，分外脆弱，能遇如此侠义美丽之女子，那种好感算是烙在心底了。我一边喝着历歌给我熬的中药，一边想着誓当全力以赴娶此女子为妻。

努力也好，生病也罢，其实都是冥冥之中的安排。得历歌之照顾，我在不到一周的时间里，感冒顺利痊愈。身体好了，野心就开始膨胀了，觉得是时候把历歌骗出国了。再说经历这一场感冒，我觉得这是月老的刻意安排，是在找机会提点撮合我们俩。

在一个月黑风高的晚上，我穿着合身的西装，打着显眼但不妖艳的领带，让自己怎么看怎样像一个荷包殷实的归国华侨。那时候，归国华侨就是顶级成功人士的代名词。我身着盛装，诚挚邀请罗历歌女士来北京当时最高档的西餐厅——北京中信大厦顶层西餐厅共进晚餐。

在美国练就的演讲口才，我超水准发挥地用在那晚的饭桌上。在我的一番蛊惑下，历歌的出国梦被我成功激活，她坦言自己在中国已经是一线演员了，已经没有台阶可上了，只能等着成为老艺术家了。如果去美国闯闯，万一真有机会在好莱坞演戏，再一不小心拿个奖什么的，那不红大发了。

历歌的盲目乐观让我心头暗喜，容易被梦想冲昏头脑的人容易上当嘛。呵呵，在好莱坞拿奖？唉，等着跟我去俄亥俄喝西北风吧。和我这个伪成功华侨一番高谈阔论后，历歌似乎已经有了去美国留学的决心，开始问我出国求学的细节，自己该做何准备，我又能提供什么帮助。这回我不用吹牛，以我对俄亥俄的熟悉程度，一口流利的英语，超群的口才帮历歌谋一个访问学者的机会，那是很简单的事情。

一个归国华侨和一个女明星的晚宴胜利结束，埋单之际，我掏出一张信用卡，让服务员刷卡结账。中国是在1987年底才发行长城信用卡的，而且还是外汇券结算信用卡，普通人根本就不认识信用卡。历歌看我用一个小塑料卡片就结了账，那叫一个惊讶，忙问我这是什么玩意儿？我轻描淡写地说："哦，信用卡，我们在美国花钱都用这个。"历歌被这么高科技的东西镇到了，怎么也理解不了，钱怎么能浓缩进一张小卡，而且卡上连个数字都没有。

虽然我在餐桌上激活了历歌的出国梦，可之后的进程又充满了周折和反复。历歌家里人的不同意见，人艺领导的挽留，以及历歌自己的彷徨踌躇。历歌出国与否的决定，历经了几轮次的反复，我的心情自然也伴随这种反复起起落落。一会儿说要来，一会儿又说不来，我被调动得忽喜忽悲，以至于历歌最终做出出国决定时，我根本不敢当真，直到她拖着皮箱出现在哥伦布的机场，我一颗被折磨老了的心才落了地。

在历歌决定出国与否的历程中，我和她在情感上的距离不断拉近，彼此的牵挂越来越真实。我总觉得一见钟情容易一拍两散，只有通过共同经历事情，不断增进了解，磨砺出来的感情才会有滚烫的温度和坚实的底蕴。

1987年，历歌以俄亥俄州立大学戏剧系访问学者身份来美国后不久，就和我结婚了，证婚人是一对美国基督教夫妇。因为经济状况窘迫，我们的婚礼很简单，却分外庄重。直到那一刻，我们才发现其实出国这件事只是一个借口，我们其实是利用这个借口来共同做一件事，释放对彼此的好感，增进对彼此的了解。说到底，出国只是个由头，归根结底是我们想在一起。

和历歌结婚后，我们在哥伦布租住的房间终于像个家的样子了，换上了新床单和新枕套，箱子压着箱子，铺上一块小台布，它俨然成了一张小桌子。虽然有家的感觉，但毕竟是租来的房子，家具也是捡来的，感情上稳定了，生活依旧窘迫，我只能利用学习之外的时间，更努力地打工，毕竟现在是两张嘴吃饭了。

历歌看着我每天打工回来，从裤袋里掏出一把皱皱巴巴的钱和分币，往地毯上一坐，专注地开始数钱。记得婚后不久的一天晚上，我对历歌说:“历歌，我现在给你上一课。我先从外形上教你分辨一分、五分和一角，然后再教你认这些钱上面的英文字。历歌，你要记住，在美国你是不能向别人借钱的，也没有人会白白借钱给你；别人借钱给你，首先要看你是不是有 Credit（信用），然后再计算利息，包括亲生父子也是如此。我们要付房租，付昂贵的学费，还有生活费，所以我们不仅要开源而且要节流。今后你的学费就靠这一个个 Penny（一分钱）攒起来。”

历歌后来告诉我，当时她听完之后，什么美国梦，什么好莱坞，什么奥斯卡，顿时在脑海中碎得连渣都不剩。她彻底意识到，在美国自己根本不再是什么明星，说白了就是连英文都说不利落的贫下中农。曾经的万众瞩目、拥趸无数，以及随处可见的艳羡眼神，已决然与自己挥手告别。自己最真实的现状就是为挣钢镚儿奋斗，从一个又一个的钢镚儿中拼出面包，拼出学费，拼出房租。

既然上了美国这条贼船，嫁了我这个忽悠家，历歌再无退路，只能铁了心拼了。她为自己制订了一套学习方案，每天背十个单词，晚上看两小时电视。电视节目里电影、新闻，以及广告词里的生活用品和用语，都成了她学习的活教材。日积月累，她累积了相当可观的词汇量。渐渐地，电视里的节目、马路边吹进耳边的说话声，由陌生变得熟悉起来。信箱里的信件、账单，以及各种广告单，不用等我回来，历歌都能一一处理了。

在我们开始做生意之后，历歌又学会了开车。记得刚上路那阵，有一次，历歌把车停在了不该停的地方，结果被拖车拖走了。历歌拿着警察给她的罚单，无奈地回了家。

当我得知车被拖走，大吃一惊，赶忙联系罚单上的电话。我知道，车被拖走后，如果不马上开回来，拖车费、管理费、停车费累加起来，将是一个绝对让我们肝痛的数字。

我请了半天假赶到那儿，车果然在。那里一个工作人员拿出一份文件，他在计算器上打了一会儿说："280元。"我一听晕了，这个钱数相当于半个车的价格了。

我说我是穷人，能不能便宜一些。他说："对不起，价格是政府定的，你养不起车就别开嘛，公共交通那么方便，何苦呢。"我说："车我不要了，能不能不罚了？"他一脸严肃地说："不行，两码事，罚归罚，车不要的话，再交一百五十，我帮你送到废车场去。"我晕，恨不得自己把那辆破车背到废车场去。

我和历歌在美国的生活就是这样一个沟一个坎儿地走过来的，在汗水和泪水的浸泡中，我们一点点地拼出了未来。后来，我们需要带着产品去全美各地去跑商品秀、礼品秀，还得四处去送货，所以必须用到卡车。无奈之下，历歌又学会了开卡车。

谁能想到，曾经的女明星竟然开着10个轮子的大货车在美国的州际公路上狂飙，甚至一开就是十几个小时。到达目的地后，她还要像个牛仔一样，将几十斤一箱的货亲自搬到客户指定的位置。很多时候，历歌都是一个人在开长途卡车，为了防止自己睡着，历歌在眼皮打架的时候，就开始伴随着收音机里的音乐高声歌唱。长此以往，本来没学过唱歌的历歌竟也成了唱歌高手，还曾获得了一个东部三州州卡拉OK比赛的亚军。

这个亚军头衔在我眼里弥足珍贵，这是一个心灵强大的女性为了生活，为了家庭拼尽全力的象征。她放弃了原本辉煌的人生模式，迎着艰难，获得了自己的幸福。正是这种敢于牺牲一切全力打拼，让她具有了更加结实的神经和准备承受更多压力的心脏。

有这样一位同甘共苦的妻子，此生足矣。

上法庭前，律师吓跑了

我和历歌在美国买的第一套房子，位于哥伦布的近郊，6万美元的两层独栋，有草坪和地下室，贵倒不贵，可惜还是买失败了。白人房主没有告知我们房子存在的问题，一到阴雨天，地下室里水流成河。雨停之后两三天，地下室的积水都处理不掉。

按照美国的法律，房主有义务如实告知购房者房屋存在的问题，如有隐瞒，购房者有权利要求退房。房子遇雨成河，当然算是重大问题了，我们便与房主交涉，要求退房。

房主自恃是本地人，便开始不讲理，说我破坏了房子的草坪，厨房的抽风机也掉了一块漆，根本不搭退房的茬儿。这完全胡扯，搬家的卡车不从草坪上开过去，怎么搬家具，至于那个已经有十几年历史的抽风机，掉块漆也算问题吗？如果不掉漆那真是奇迹了。

没办法，我给房主下了最后通牒，如再拒不退房，那只好法庭见，房主傲慢地回应说：“太好了，随时奉陪！顺便告诉你，我太太在俄亥俄州最大的一家律师事务所工作，你如果找不到好律师，我太太可以帮忙。”房主口气之嚣张，态度之恶劣，让我气炸肺，决心开打我在美国也是我人生的第一场官司。

房主没有说谎，他太太确实是在州第二大律师事务所工作。我很奇怪，这个房主只是个管道工，典型蓝领，娶个律师太太，多少有些不搭。不过房主蛮横固执的态度，倒颇有点律师范儿。

人家房主肯定不发愁找律师了，我就为难了。在美国，律师都是按小时收费的，而且都很贵，我那时刚买完房，手头紧得都快扳不直了，我倒是想赊欠律师费，可哪有律师会干啊！想来想去，我突然想到一个人，可以免费当我律师。迈克，共和党积极分子，现在在州政府当法律顾问。

迈克是个好人，一听我遇到了难事，非常同情，可惜他觉得帮不了我，因为他在州政府当法律顾问是个虚职，他本人虽有律师从业资格，但却从未打过官司，属于站法庭脚会打哆嗦的那种。我边央求边鼓励他说，迈克，帮帮忙，好歹你做法律方面的工作，而且这个官司咱们占理，胜诉可能性很大，你肯定行的，我发誓。我甚至诱惑迈克说，这或许是你成为一个真正律师的最好时机，把握住这个机会，将让你的人生上一个新台阶。在我的话语围堵下，迈克勉强同意做我的律师。后来我因此得了个教训，不要勉强一个懦弱的家伙，他要撂挑子会砸到你的脚的。

开庭时间到了，定在下午两点开始。要命的事发生了，都一点四十了，迈克还没来法庭。我给他办公室打电话，迈克虚弱地告诉我，他担心审判结果我不满意，因此就不来了，并预祝我一切顺利。

我一听简直晕了，差点想叫辆救护车来。顺利个屁，还没开庭，律师跑了，这官司怎么打？！没律师，这官司暂时不打行不行？当然不行，打官司在哪个国家都是件相当严肃的事，无故迟到或延迟都是不允许的，甚至会被认为是蔑视法庭，直接判输。

在法庭外，我茫然环顾，想在几分钟的时间内找到一个解决办法。办法没看见，只看到身边站着一个法警，还能求谁呢，只好咨询他了。我告诉法警，我的律师拉稀来不了了，我是否可以为自己辩护。法警说："完全可以。"我又问："美国的官司怎么打？"以前做人老实，在中国都没接触过跟司法有关的事，对美国更没概念。法警想了想，拿了张纸和笔，给我画了个三角形，告诉我，原告和被告分别向法官举证，由法官做出最终裁决，这就是构成官司的三角要素。好吧，不懂也得懂了，因为马上要开庭了，就让我打一场自助官司吧。

在法庭上，我是边学边干，叙述案情、举证、提请证人出庭、辩护。我准确细致地向法官讲述了购房经过，并将地下室漏水的照片呈给法官。讲述完案情后，我又提请了两名证人出庭，一个是搬家公司工人，另一个是帮我搬家的同学，两人都做证，证实搬家过程中，卡车必须要开过草坪才能到达房门口，并非有意对草坪造成损毁。

我陈述、举证完毕后，对方律师开始做辩驳，从房主的角度开始说事。在整个审理过程中，我和对方律师有过几次激烈的辩驳，自我感觉还不错，英文功夫全发挥出来了，说得对方有点无奈。

案情不复杂，法官当庭作出判决，我胜诉，房主须退还我全部房款，还要赔偿因隐瞒地下室漏水情况而给我造成的损失。总之，我完胜，房主惨败。审理结束后，对方律师主动走到我面前，握着我的手说：“詹姆士，你天生就是个好律师。”

后来我想，泥泞的人生路上，遥远路途，每当回头时，总看见自己的许多脚印。路上的脚印越多，我们的心里便越欣喜。在美国打官司，赢得痛快，还得到了对方律师的尊重，要知道律师在美国是极其受尊重，被认为是有社会责任感的人才能担当的工作，能被律师评价为天生的律师胚子，这绝对算是我人生一个得意的脚印。

在小买卖中看到美国梦的火苗

在美国求学期间，我一直有个潜在的欲望，就是拿出我当年倒贩摩托的劲头，在美国做点生意。做生意毕竟来钱快，只靠卖苦力赚钱，真是悲催无极限。虽然有这么一个念想，但是求学压力太大，尤其是美国的博士学位非常难拿，我只能将这个愿望压在心底。

有一次，意外地在俄亥俄州立大学里撞到一个做生意的机会，那是学生会组织的一个跳蚤市场，专门让俄亥俄的留学生卖本国的工艺品。知道消息后，我和历歌赶忙拾掇家里的中国物件，把原本打算送礼的刺绣、丝绸睡衣、惠山泥人、双面绣、景泰蓝，统统拿到跳蚤市场上去卖。

出乎意料的是，我们的东西非常抢手，几乎是被迅速抢购一空，以至于我和历歌不得不重新回到租的房子，将所有跟中国相关的物件都运到跳蚤市场的摊位上，结果依旧很抢手。仅仅半天时间，我们就在跳蚤市场赚到三四百美元。

这事虽然很快过去了，学生会也没有再次组织类似的跳蚤市场。可东西被迅速抢购一空的盛况引发了我的思考，我努力想琢磨清楚原因。想来想去，我觉得有两个原因：一是老美对购买有神秘色彩，具有民俗特色的工艺品出手很大方，他们外向、容易被调动的性格，让他们对有异域风情的东西有种天然的兴趣；二是哥伦布市尚未形成唐人街，华人居住较为集中的地区有中餐馆，但在中餐馆附近，很难看到出售中国工艺品的华人店，以及比较有特色的装饰品。当然我说的是俄亥俄80年代后期的境况，现在可截然不同了。

在俄亥俄大学里做的这笔小小生意引发了我的思考，也勾起了曾经在北京做生意的回忆。突然间，我心底升起一种莫名的自信，觉得自己如果在美国做生意，一定可以做得很好。那有什么理由支撑这种自信呢？我当然也说不出来，反正就是有这样的自信，甚至有一丝隐约的冲动。

没多久，圣诞节到了。借着和历歌一起逛商场的机会，我开始有意识地观察商场里的各种商业活动。美国人在激发销售欲望方面确实有一套，在商场或 Shopping Mall 里，大圣诞树上点缀着无数水晶玻璃做的薄雪花和各种各样五颜六色的装饰品，将圣诞将至的气氛渲染到极致。商场喷水池往往有十几个喷口，水柱高达两层楼。水晶吊灯密密麻麻，每个店面的橱窗都布置得华丽而别具特色。总之，就是把气氛做得很好，让人们有采购的心情和欲望。看着如此到位的商业氛围，我按耐不住地设想，如果我来设计一个商业活动，又会有什么样的创造力呢？

之后的一段时间，我一边准备博士论文，一边开始了尝试性的商业实践。简单来说，就是拿着不同种类的中国工艺品，向一些礼品店的老板兜售。由于我英语地道，又善于沟通，很顺利地推销出几批货去。有了订单后，我便打电话回国，让亲戚帮助组织货源。这个貌似简单的推销过程，其实还是有潜在含金量的，如果你的英语不够地道，如果你对与美国人打交道的方式不熟悉，推销工作便会变得很难。

几次规模不大的零散商业实践，让我进一步认识到自己的优势，就是作为一个中国人，我是如此深入地了解美国，而且善于和老美打交道，能将自己的优势百分之百地传达给老美，没有任何折扣。这种无障碍的对接沟通，其实是很多其他留学生做不到的，他们跟老美打交道，永远像隔着一层捅不破的窗户纸，总是差点意思。

记得有一次给一个经销商送货，货比较多，我就和一个白人兄弟一块儿搬货。搬累了，我俩就席地而坐，一边喝水，一边聊天。白人兄弟问我打算在美国干什么？我回答："我博士毕业后，很大可能会留在大学里教书，然后尽量做出些研究成果，好能挣钱买房买车。"白人兄弟听了，摇摇头，说道："哥们儿，我没问你的前途和钱途，我问的是你将来的工作志趣和人生志趣。"

蓝领工人的一句话刺激了我，是啊，光想着如何在美国拼前途、挣钱途，哪里曾考虑自己真正的志趣是什么？原来在武汉时，我的志趣是去北京城闯闯；去了北京，我的志趣又变为出国闯闯；好，现在我人在美国，那我的志趣是什么？我到底想在美国干什么？难道仅仅是霸占美国某一大学一小块三尺讲台，送走一茬一茬的学生，年复一年重复讲着同样的知识吗？我未来的人生真的只是这样吗？如果只是如此平淡缺少变化，那我出国为什么？何必吃这么多苦，受这么多罪，真是疯了。

我的博士论文写得很好，被美国国会图书馆永久收藏，也成功拿到了在美国深受尊重的政治学博士学位。我同时创造了一个纪录，成为俄亥俄州立大学历史上的第一个来自中国的政治学博士。导师对我很是欣赏，明确告知我，我在大学里任教前途光明。这意味着我终于有机会从美国社会的底层爬出来了，能成为这个社会的中产阶级了。

面对公认的好机会，我反倒犹豫了，心底回响的依旧是白人兄弟的那个问题，兄弟，你的志趣是什么？在美国当老师，稳定体面，坚持数年，我便可以从讲师升格为教授，可以讲无数堂课，接无数个课题，整天爬格子写论文……然后了此一生。这真是我想要的生活吗？以我的个性而言，显然不是。我似乎生来就是一个追求澎湃，享受挑战的人，我是一个军人的后代，我厌倦甚至痛恨缺少波澜的生活。

我也曾设想过是否要回国。但回国之后，我所学的政治学能成为有用的资本，客观地讲，似乎没多少可能，尤其是在改革尚未深化的80年代。回国之后，能让我学有所用的地方，可能还是大学，或是一些社科院之类的理论研究机构。与其如此，还不如留在美国当大学教授。

想来想去，一个大胆的念头冒出来了，那就是在美国经商创业。在美国这样一个商业社会，创业者、商人、企业家的地位毋庸置疑，甚至是远高于政客，只要在商界取得成功，那在美国就是真正的上流社会，所有人都会尊重你。更重要的是，在美国经商创业，充满了挑战和变化，可以最大激发我的创造力，这太适合我爱折腾的个性了。

当这个念头冒出来以后，我惊讶地发现自己竟然充满激情。我意识到在美国创业，应该真的就是我的志趣，因为我确定的一点是，即便我创业失败，即便灰头土脸，我毫不畏惧，因为我爱这种未知，我愿意挑战不确定性，或许艰难的过程本身就是目标，就是意义，就是志趣。

那么如果我选择创业的话，读这么多年政治学对我有帮助吗？答案是肯定的，好的知识是相通的，尤其是政治学本身就是与社会紧密相连的学科，你了解了政治，就认识了社会，而认识清楚社会，将有助于你找到创业的方向和灵感。并且你在政治学领域训练出抓住本质、善于沟通之类的优点，同样是创业最需要的品质。再说政治学是一门性质综合且思维辩证的学科，学好政治学的学生，大都具备比较综合的能力，根据自己的兴趣爱好来从事跟政治领域相关的经济工作，是相当正常的事。

谋定当笃行。思考成熟之后，我跟历歌恳谈了一次，说出了我的志在美国创业的想法。历歌听了，非常支持我，她觉得吃了这么多苦，又这么贫困，两手空空，还怕什么，只要一年能赚5万美元，那就是胜利，就不后悔。创业之后，我们很快就发现5万美元的目标太保守了，不过再大的生意也是从小生意做起的。

从身边找出好点子

抱着不走寻常路的决定，我开始在美国创业，而且选择了贸易行业作为创业切入口。这个听上去人人都熟悉的行业，其实并不容易，是一个多变、复杂，对快速反应有超高要求的行业，所有的一切对我而言，都是挑战。话说回来了，这不正是我想要的嘛。

放弃美国大学的老师不做，而是选择创业，现在看起来依然“疯狂”。在根本不知道后果的情况下，凭着内心的召唤，我是义无反顾地投入其中，并坚持不懈。

开始创业后，我和历歌在俄亥俄州注册了公司，租了一个100多平方米的平房，将这个平房既做办公室，又当仓库用。还买了辆车，是一个两厢雪佛兰，极其便宜，基本是收破烂的价格。这辆雪佛兰开起来没问题，就是漏电很严重，属于第一天开一整天，停一晚上后，第二天早上肯定没电那种。电瓶弱爆了，简直不应该叫电瓶，而应该叫大电池。换一个吧，舍不得花那个钱，还是不换，凑合用，无非是自己辛苦点，只要判断停放时间超过两小时，我就得打开引擎盖，把正极卸下来，让电瓶停止运行。待到重新发动车，我再打开引擎盖，将正极搭上。

公司开起来，定位很明确，做一家贸易公司，寻找适合的中国产品，进口到美国来卖。利用自己对中国的熟悉和对美国的了解，找到能够在美国市场适销对路的中国货。那么，什么样的中国货会在美国适销呢，没有现成的答案，只能靠自己在摸索中寻找。

我最初从中国进口了一些耳环和项链，拿到美国来卖，结果因为经验欠缺，选的货不是足够有特色，惨遭滞销。一出手就是滑铁卢，倒也没什么，凡事都要交学费嘛。我后来又想从中国找类似丝绸睡衣、泥人什么的工艺品，拿到美国来卖。这样的东西虽然也早有人引入美国，并不算特别的稀罕东西，可我不能一开始就不走寻常路，还是要通过做一些常规的贸易，来试试水，积攒点经验。

抱着找产品的目的，我专程回国去江浙一带找生产丝绸衣服和工艺品的厂家。连轴转地接触了几家工厂，大致摸清楚了价格，也基本明白了合作流程，我从这几家厂里选定了两家最接近于合作的，想回到美国考察相应的报关手续后，便与它们签订合同订货。

结束了浙江之行，我回到了北京，会了会朋友。并受当时河北电视台体育节目主持蔡猛的邀请，跑到石家庄玩了一趟。蔡猛是我的朋友，他是随河北电视台赴美考察时认识我的，我给了他们很多帮助。因此听说我回国，蔡猛要求我必须来石家庄玩一趟，让他尽尽地主之谊。

我和蔡猛从石家庄出发，开车回北京。那天中午，到饭点了，我们的车凑巧行至偏僻的保定郊区，根本找不到吃饭的地方。蔡猛看了看四周，说道：“我想起来了，这附近有一家健身球厂，厂长姓王，跟我是朋友，我们去厂里吃他一顿去。”我问：“啥是健身球？”蔡猛笑话我忘本，告诉我就是老头们爱拿在手里转的不锈钢铁球。蔡猛说：“我自然知道是什么，不过印象中这健身球北方人玩得多，我在武汉的时候很少见到。”对于蔡猛的嘲笑，我自然要回击，我说：“蔡猛，肯定是这家厂在你们台做过广告，你这是利用职务之便吃拿卡要。”

健身球厂的王厂长人看着很朴实，好酒好肉地招待了我们一顿，知道我是从美国回来的后，自然给我普及了一番健身球知识。健身球是我国民间的传统健身保健器具之一，有石的、钢的、玉石的，还有景泰蓝健身球，主要生产于河北。健身球之所以有益于强身健体，在于玩球时指掌的适度运动，调节了机体经络。在清代，健身球属于皇族特供玩意儿，普通人玩属于违法行为。

王厂长说：“1984年是健身球发展的一个重要年份。国家领导人在人民大会堂宴会厅把两对健身球送给美国总统里根夫妇。里根总统高兴地表示，一定要抽出时间练这个新的体育项目。”王厂长还天真地问我：“有没有在美国的电视上看到里根玩健身球？”我说：“还真没有见过，可能保镖怕他玩不转砸到脚吧。”

王厂长说：“也是1984年，河北成立了健身球协会，专门研究健身球传统技法，先后整理出‘双球旋转’‘多球旋转’‘空中抛接’‘多人对接’‘上下滚动’等多种运动技巧。”

王厂长还找厂里玩得好的人，给我们现场演示了一番。看着健身球在手指间玲珑游转，发出悦耳、空灵的响声，我觉得很有意思。后来，我想如果里根把健身球带回美国后能坚持不懈地抽空儿玩玩，或许不会得帕金森。当然，我的推测毫无科学根据，纯属想象。

吃完饭，临分别时，王厂长还送了我一箱健身球。虽然搬着挺沉的，我还是将这箱健身球全部带到美国。我隐约觉得这箱铁球或许是个机会，或许能在美国市场火起来也未可知。后来的事证明了我当初嗅觉的正确性，做生意很多时候就得这样，抓住一次意外事件，或者别人的一个话头，深入挖掘，勇于试探，必有斩获。

我带着一箱健身球及其他一些中国工艺品回到美国，给几个熟识的经销商看。他们所有人都对健身球产生了浓厚的兴趣，觉得这两个小银球在手里把玩，还会发出灵动的响声，太奇妙了。

这几个经销商的兴趣让我嗅到了潜在的巨大商机，一个产品能让见多识广的经销商觉得神奇，是极其罕见的事。一个俄州的白大个儿经销商，信心满满地下了订单，一个相当大的数字，我吓了一跳，问他进这么多，能卖出去吗？他确定地告诉我没问题。我看他不像喝多了的样子，在我印象中，他是一个憨厚的兄弟，从不忽悠人。后来证明他身体没喝多，精神上喝多了，我差点被他一时兴起的大订单害得破了产。还有一个从安徽来美国闯荡的华人经销商，也下了一个硕大的单子，但货到之后，他选择了背信弃义，事实证明，杀熟是世间最残酷的一件兵器。

经销商们的兴趣和鼓励让我对小小银球另眼相看，于是开始调查了解，在美国还有没有人卖健身球。一调查发现，中国台湾有个商人，是一个国民党中将的儿子，已经先我一步把健身球引入美国，只是并未普及开来，他只是将其作为健身器材销往美国的健身场馆，而且价格相当贵，一对卖到29美元。

这下我心里更有底了，台商卖的价太贵了，我在价格方面绝对有竞争力啊！我想只要备货充足，可以通过价格战把台商挤出健身球市场。激动之下，我向河北厂家订购了两货柜的健身球，也就是成本高达10万美元的货。细想起来，我这人做事有个特点，一旦动手就不考虑结果如何，不被情绪左右，而把注意力聚焦在解决问题上，心思都扑在怎样执行才能达到目标上。这种风格帮我做成了不少事情，当然也让我冒了不少风险，比如当时勇敢地拿了10万美元的货。

经过一番等待，满满两货柜健身球漂洋过海，来到了美国东海岸的港口。按照规程，我应该筹集好货款，去银行交款，拿到赎单后，就可以去港口提货了。可我没有10万美元啊！只能去找经销商们商量，让他们先付一部分预付款，好让我把银行的提货赎单拿到手。

意外发生了，经销商们得知两货柜健身球已到港，之前的兴奋劲和卖货雄心似乎消弭了不少，给我下的订单看着都寒碜，不是一箱，就是两箱，最多一个订了四箱，统共订出去不到两千美元的货。

我心想，完了，收到的经销商预付款还不够付货柜的零头，我该怎么办？突如其来的袭击像是被鳄鱼咬碎了骨头。事到如今，已经没有气馁的时间了，只能硬将被咬碎的骨头拼合起来，一切从零开始，甚至是从负数开始，顽强地拼下去。

我抱着试一试的心态去银行提赎单，想肯求银行能先给赎单，等我拿到销售款后，再将欠款还给银行。说实话，我对银行开恩是不抱什么希望的，因为银行给我赎单，等同于银行要支付中国厂家的10万美元，银行怎么可能冒险给我垫付呢？这严重违反常规，银行同意的概率可以说是零。我甚至想将房子、车子抵押给银行，但我的全部不动产加起来还不到两万美元，不够啊！没办法，只能硬着头皮去试试，毕竟货已到港，费用一天天地在产生。

奇迹总是在别无选择的时候出现，银行发放提货赎单业务的工作人员是个新手，他拿了我递上去的海关通知，还没等我解释以及央求，就“啪、啪”盖两章，把赎单递给了我。

喜从天降，这意味着我可以免费拿着银行开出的赎单去提货，而且不用付任何钱，货款将由银行支付给厂家，而且银行还没法找我要，因为拿到赎单就意味着给银行付过款了。虽然这么干行得通，但我怎么能干这么没道德的事呢？！事实上，后来我在收到一部分货款和预付款后，第一时间把10万美元全部付给了银行。

感恩银行新来的“菜鸟”以及他的疏忽大意，让我得以把满满两货柜健身球运回公司。压力山大啊！我那时算是理解了丘吉尔说过的那句名言：“并不是我们善于坚持，而是因为我们别无选择。只要你被逼得无路可退，你就会生起一股巨大的勇气，让‘不可能’变成了‘可能’。”勇气不仅仅是一股战胜困难的力量，还是一股感动人的力量。勇气是与生俱来的，可是能否让它长久闪光却因人而异。

经历了这件事，我觉得自己的内心变得更加宽广，这个过程不仅仅是考验，更像是一种折磨。通过这样的锤炼，我汲取了教训，懂得以后做生意一定要谨慎，不能像以前倒贩摩托般那样粗放，这次虽然侥幸逃过一劫，但未必次次都这样的幸运。

一个人戴12顶帽子，两个人像一支队伍

在美国创业初期，我是身兼数职，既是老板，又是销售、采购、叉车司机、货车司机，还写订单、仓储、理货、报关，当时我统计过我一个人戴着12顶帽子，我和历歌顶一支团队在工作。

不光我自己忙得滴溜打转，甚至全家总动员，一起参与创业。家里的老人帮我们查货核对，6岁的女儿也要做分拣工作。有一次，女儿在分拣理货时被堆得像小山一般的纸盒子埋住找不到了，把我们逗得够呛。

创业初期，一人多岗，忙得脚跟朝前不说，重要的是，要做好六方面的工作，才能让贸易工作步入正轨，才能抓住在美国做贸易的本质。简言之，将自己着手的事情梳理清楚，让所有的流程都围绕本质展开并优化，那就对了。

一是要清楚从国内进口一宗货品的所有细节。比如在厂家发货前，你需要将运单、航班、件数、重量、品

名悉数知晓。货品入境时，与货品相关的单据也随船到达，交接时要做到单、单核对，即交接清单与总运单核对；单、货核对，就是交接清单与货物核对。当然，理货也是件很复杂的事，要逐一核对每票件数，检查货物有无破损情况。

最好是自己研究明白报关手续，知道如何操作最省钱，而不是听任专业报关代理公司摆布。我从开始创业，就是自行办理制单、报关、运输手续，这意味着很多时候我要填一大堆表格，什么口岸、合同号、批准机关及文号、进口日期、提单或运单号……这样做的好处是能省钱，因为报关公司并不会对你进口的货品进行专项细致的研究，它们只是按照通行的方法操作，而它们选的方法未必是最经济的。

二是通过不断反思，减少与客户的沟通障碍。在事业的启动阶段，自己要全身心投入，更重要的是养成一种科学、合理的经商习惯，并不断调整思路，不断反思犯下的错误。我那时候还不太会和老外谈判，结果硬碰硬造成客户流失。后来，琢磨清楚了，不管在中国还是美国，和气生财是硬道理。你的面相要友善，要给人一种信赖感，用一种外向型的人格魅力吸引客户，从而降低谈判难度。

三是要签署一份细致的合同。万事开头难，开始创业的时候，你跟厂家存在磨合的问题，跟客户存在彼此信任的问题，如何解决这些问题？签署一份完善、高质量的合同至关重要。把产品的质量、价格、交付期约定好是必需的，更重要的是要在补充合同或附加条款里详细规定好违约责任及赔付办法。在美国，一份细致的合同是必须受到尊重的，一旦出现矛盾，大家都照着合同约定的条款办；如果合同不细致，那真是自己给自己设套。

四是交易结构要尽快成型。账期、供货期、退货、厂家兜底，都要做到心中有数、有章可循，要做好应急变化。只有你的交易结构成型了，客户才会有信心，觉得你是一个成熟的生意人，不会把事情搞砸。当然，在启动阶段交易结构的成型也包括产品的价值定位要准确，要不断调整产品结构，要机敏、耐心地捕捉不同市场的变化，通过不断优化产品结构，给予产品最准确的价值定位。

五是通晓美国海关相关规定。比如包装和标志一定要求托运人对货物提供妥善包装和正确清晰的标志。否则因标志不清或包装不良所产生的一切费用由货方负责。有一次，我进口了一批健身球没有标明制造国，就是没有明确写 Made in China，结果被美国海关查扣。我不得不在海关的仓库里把所有的包装盒打开，一个个往上贴 Made in China 的标签。为什么是我自己贴，因为海关的工人都是老爷做派，效率奇低，而且规定你必须雇用他们。可是他们贴标签的速度太慢，而海关仓库贵得要死，只能你自己弯着腰干活儿，别提多憋屈了。

六是对中国的工厂要有一定的控制能力。比如在销售旺季来临时，提前备货，及时补货，并且要对工厂的生产能力有清晰的认知，避免自己期望值过高导致极度失望。

如果你将这六方面的工作做到心中有数，操作起来有谱，那么还必须牢记这六方面所要围绕的本质，也就是在美国做贸易的本质——那就是疯狂压低成本，让自己的产品在价格上充满竞争力。这话听上去很平常，但笨话都是老实话，如果做到了你在美国就能赚到钱，做不到只能是赔钱。

在美国这个法制健全、商业文明高度发达的国家，忽悠、夸张、蒙骗的营销手段都是奇技淫巧，最好想都别想，一旦被发现，不是被罚，就是招惹官司。靠做品牌当然好，但实话实说，一个中国人想要在美国做起来一个品牌，真不太现实，迄今为止，我还没看见过哪个中国品牌在美国生根壮大。

综上所述，你在美国做生意，一定要在价格上充满竞争力，你的产品价格要在扣除运费、关税、单证费、报关费、仓储费、装卸费、铲车费、海关预录入费、卫检报验费等后，还要比美国市场上的同类产品便宜，哪怕便宜得并不是很多，那也是实打实的竞争力。

在美国做贸易，说难也难，说容易也容易，只要掌握住全方位压缩成本这个本质，弄清楚所有的流程细节，你完全可以在一两年之内赚到你人生的第一个100万美元。

疯跑商品Show

我从河北工厂订购了两个货柜的健身球，存储了如此多的产品，自然要想方设法卖出去。怎么卖出去呢？零售肯定是不现实的，只能批发，可怎么找客户？把产品批发到哪里？我没有丝毫经验，只能秉持一条原则：鼻子底下就是路——问呗！

经过打听、调查、了解，我有了一个大概的思路，首先要解决的问题，便是让更多的类似经销商之类的大客户认识我们，知道我们在卖健身球，而且价格很有竞争力，如何让更多的类似经销商的大客户认识我们，自然是多参加美国的各种商品 Show。

美国是商业高度发达的国家，各种礼品秀、商品秀遍布全国。这样的秀也就是我们中国人概念中的商品交易会。美国商品 Show 种类极多，而且举办的时间点也非常密集。其中百货类的交易会最热闹，集展示、贸易、物流于一体，大一点儿的交易会设有数千个展销位。专项产品交易会，人和摊位自然也会少一些。

美国大一点儿的商品交易会，都属于以批发为主的“订单贸易”。跟中国的广交会、糖酒会类似，都是一些客户来交易会批发采购。客户选择在商品交易会上订货，便于集中与不同的商家接触谈判，对要采购的商品也有直观的认识。以我的经验来看，美国商品 Show 上的客户大致分为以下几类：

一是百货公司买主（Department Store Buyer）。很多美国百货公司他们会自己采购各类产品，不同品种由不同采购部门负责。比较大的连锁百货如 Macy’s、JCPenny 等，几乎都有自己的采购公司在各生产市场。一般商家很难打入，他们往往通过大贸易商来选择他们的供应商，自成一个采购系统。采购量大，价格要求稳定，每年购买产品变化不会太大，品质要求很高，不大容易变换供应商。大部分都看美国本地的展，不会亲自到中国看展。

二是连锁大型超商卖场（Mart）。如沃尔玛（WALMART，KMART.）等，采购量大，也有自己的采购公司（BUYING OFFICE），有自己的采购系统。他们对市场价格的敏感度很高，产品变化要求也很大，还会把价压得很低，但采购量超大。开发力强、价格便宜、资金雄厚的商家可以进攻这类型的客户。小商家最好保持距离，否则其一张订单的周转资金就让你吃不消，万一品质无法达到验货标准，就难以翻身了。

三是品牌进口商（Importer）。大部分是品牌自己进货，如 Nike、Samsonite 等，他们会找有规模、品质好的商家或工厂，直接以 OEM 方式下单，他们的利润较高，品质要求有自己的标准，订单稳定，愿意跟商家或工厂建立长久的合作关系。和我们那个年代不同，目前世界上有越来越多的进口商到中国的展销会来找厂商，这是值得中小型商家和工厂努力开发的客户。商家在其国内的生意规模是他们采购数量及付款条件的参考因素，与他们做生意前，可以通过他们的网站去了解他们的实力。记住：即使是小品牌，也有机会培养成大客户。

四是贸易商（Trader）。这个类型的客户什么产品都可能会买，因为他们有各种不同的客人，必须要采购不同的产品。买进卖出做转手生意，因此他们订单的延续性比较不稳定，订单量也较不稳定。

五是零售商（Retailer）。我们那个时代，美国零售商几乎都在美国本土采购，但如今商业进入网络化以后，越来越多的零售商自己通过网络询价采购，这类客户其实是很难培养大的，所以比较适合美国本土的批发商来做，属于比较没有潜力可挖的客户。

开始参加商品Show的时候，由于实力弱小，我们只能和贸易商与零售商合作。随着发货仓库（WAREHOUSE）运转越来越成熟，我们的产品销售量越来越大，而且对产品独特性的提炼越来越美国本土化，渐渐地就吸引了很多百货公司买主和大型商超连锁客户。由于我们的价格很有竞争力，比台商在健身场馆里的卖价低了近10美元，生意的势头便越来越好。

当时为了推销健身球，我和历歌可以说是疯跑美国各地的商品Show，从纽约到芝加哥，从俄亥俄到得克萨斯，我们开着货车，拉着一车健身球，以及广告招牌、宣传单页、订货单，像商品秀超人一般，简直可以称得上是哪里有秀哪里就有我。

美国这些商品交易会的摊位租金价格对所有的商家都是一样

的，自然人人都想租到诸如门口、过道旁的好位置摊位，怎么来分配呢？美国会展商都是按照参加商品交易会的资历和年头以及摊位的多少来分配的。这些商品交易会基本上都是年年开的，如果你是连续好几年参会租摊位的商户，你总能优先选到位置好的摊位，或者给你一个固定的好摊位；如果你是新客户，那对不起了，只能等老客户选完你再选，通常只有犄角旮旯的地方。

这么多年，这么多场商品秀跑下来，我也总结出一些有意思的规律，有点儿人文观察的意思。美国人属于典型的high点高的族群，这种外向的性格也会影响到订货会。比如在拉斯维加斯开的订货会，订货的客户会受到当地赌博休闲氛围的影响，心情会随之非常放松，情绪会疯狂随性一些，下的订单一般数都比较大。美国西部田纳西州一带人少钱多不论价，这里的订货会走价不走量。

在美国跑商品秀是我创业人生中非常重要的一段经历，让我有机会面对面地接触消费者，了解最真实的市场需求，最及时地知道市场对我们产品的评价和反馈。由此，我深深懂得，要想创业成功，最基础同时也是最重要的功课便是了解市场、了解客户，只有深刻地认识到问题，才是解决问题的开始。

拿下美国买家的12条建议

但凡做贸易，都存在找客户的问题。在美国做贸易，要想拿下有质量的买家，不要通过传真来发送你的推销信函，未经要求通过传真发送营销信函不会受重视不说，更糟糕的是还会招来起诉。针对美国买家，以下12条建议希望能给致力于进入美国市场的中国出口商提供一些帮助。

1. 邮寄公司资料。通过邮寄你的公司手册（最好做得漂亮一点儿）来推销你的产品。现代的方式就是邮寄信函与简短的小册子。介绍你的公司，说明你销售的产品的特点，并鼓励他访问你的网站以便了解更多的情况。小册子要简短，最多不超过4页。

2. 使用的英语要正确而且地道。你邮寄给进口商的销售信函或小册子代表了你公司的形象。现代英语运用正确且格式规范的信函会受重视，如果英语文法不通、格式混乱，那肯定不会受重视。比如我们看到一个小广告页上满是错字，我们肯定不会信任这个产品的。

3. 尽可能多地参加商品交易会（Show）。参加商品交易会是展示产品、获得产品的反馈信息、观察竞争对手、发现其他机会的好方法。中国出口商应该参加美国各种各样的交易会与展览会。我之所以能将健身球卖遍全美，靠的就是尽可能多地参加商品交易会。

4. 阅读与你的行业有关的美国报刊。可以使你了解有关行业的全部信息与技术，赶上时代的步伐。有关文章会告诉你其他公司的进展情况，广告会向你展示市场上有些什么，需要些什么。简言之，要想赚美国人的钱，你要做的就是尽可能多地了解美国。

5. 拥有一个赏心悦目的网站。在当今市场上，拥有一个设计漂亮的网页是非常重要的。美国进口商喜欢登录一个网址去查看供应商能提供什么样的新式样、新型号。最好将你的电子信箱列在网址的每一页。当今，人们进行通信的首选方法就是通过电子邮件。另外，要将你的地址、电话号码、传真号码放在网页上易于找到的位置。

6. 注意质量控制。美国的消费者都坚持认为，他们购买的商品必须要有好的质量。如果发现他们购买的东西不能用、有损坏或者不是他们期望的，都习惯去退货并要求退款。因此，要确保你的公司有一套有效的质量管理体系，在产品出厂之前找出次品要比退货容易处理得多。

7. 发货准时。如果答应在某个时间发货给美国客户，就要绝对保证在那个时间，或者是提前将货物运到。发货迟延是美国客户对国外供应商最大、最严重的抱怨之一。因为在收到供应商确认的交货时间后，他们开始着手做市场营销，并告诉消费者该商品在某个日期开始上市。如果你的产品没有在指定日期到达，结果是非常糟糕的。

8. 在美国设立代表处。美国人愿意与在美国的人进行商务往来，固然他们知道语言和时区不成问题，但他们也知道，一旦有什么问题或有法律争端，责任人在本地则更容易处理。

9. 和买家加强联系。现在有了像Yahoo Message、MSN Message或者Skype等这样的工具，可以加强商家和买家的联系，多和他们聊聊，比如他们的爱好、家庭等，增加和买家的感情。

10. 为买家提供一些可能对他们的生意有价值的信息。记住：当你能够让你的客户赚到钱时，你的客户也会让你赚到钱。要努力把客户的鞋穿在你的脚上，设身处地替买家解决问题。

11. 加入与你的行业部门有关的美国贸易协会。成为这样一个协会的成员，你便可以直接与了解该行业的人进行联系。他们可以直接回答你所有的问题，包括技术方面。这样做可以表明你做生意是严肃认真的，并且可以得到多数协会寄发的月刊。

12. 确定目标市场。在确定目标市场之前，你要了解什么产品在美国市场热销。将你的注意力集中在你了解或使用的产品上，判断这些产品在美国是否能热销。这些产品引入美国时，什么样的情况下能够获得较大需求？谁生产了这些产品？在美国市场上，这些产品的售价是多少，与之竞争的产品或品牌的售价是多少？

掌握了这12条建议的本质，你就可以在美国拓展市场了。发多大财不好说，起码能体面地在美国生存下去，相信我，这是实在话。

1996—2001
纽约

1996—2001
纽约

大地盘有高起点

——“Where there is will, there is a way.”

我很喜欢这样一句话：一个人如果知道自己要往哪里去，全世界都会为你让路。这句话的意思是说，当你有明确的目标，有勇气面对困难，能够百折不挠，就能让全世界为你让路。

随着健身球在美国的销售势头越来越好，我深切地感受到将公司设在俄亥俄有诸多的局限性，俄亥俄闭塞，海关有强烈的排华倾向，且商业氛围并不浓，也很难从周边获取到高速、有效的商业信息，再加上由于地理位置偏远，比东部港口城市的运费要贵两成。客观地说，俄亥俄在美国并不是创业者的乐土，而是相对属于休闲生活的地方。

经过思考，我认为留守俄亥俄对我们的创业已没有实质性的帮助，决定举家从俄亥俄迁走。历歌问我迁到哪里。我早想好了，那就是纽约。纽约在我看来，是世界的中心，是创业者的天堂。纽约著名的曼哈顿区是世界金融中心之一，全世界各个国家和地区的大银行、大投资机构总部都设在这里；联合国大百老汇、歌剧院、林肯中心、博物馆，这些使人心驰神往的地方吸引着全世界的人流和商流。我深信，要想真正把贸易做大做强，必须依托纽约这个大地盘。

出发之前，我和历歌首先从地图上认识了纽约。它共分5个区域：曼哈顿、布朗克斯、皇后区、布鲁克林区和斯坦登岛。纽约之大是我们在俄亥俄所无法想象的，它的公共交通异常发达。地铁线贯穿东西南北连接5个区域，共有25条线路，每条线路从头至尾单行一次至少一到两个小时。5个区域的公共汽车更是多得数也数不清，往返于曼哈顿和斯坦登岛的渡船来来回回不停地载客航行；长岛、上州、新泽西州的火车把成百万的上班族带往曼哈顿。整个城市的节奏布局有条不紊得就像格什温的《蓝色狂想曲》。

开着车经过长途跋涉，我和历歌从俄亥俄来到了高楼林立的曼哈顿——我们耳熟能详的Time Square（时代广场）。这个在好莱坞电影里经常看到和听到的地名使我们感到莫名地喜悦。再看那马路格局、商店，路上行色匆匆的人流和川流不息、急速行驶的黄色计程车，我们立刻喜欢上了纽约，喜欢上它的节奏、它的动感和它的气息。

那段时间，我和历歌一边忙着在纽约找房子，注册公司，一边四处游逛，想尽快熟悉这个城市。我们首先逛的是曼哈顿，说曼哈顿高楼林立一点儿也不为过。那密密麻麻、高低不均的楼，就像上海外滩那一带的建筑群，风格迥异，气势磅礴，充满生命力地覆盖着整个曼哈顿岛。虽然不是出自同一个设计师，也不是建造于同一个时期，但它们的建筑格调是统一的，整个建筑轮廓线也是协调的。有巴洛克式、哥特式、埃及式、希腊式、法国古典式，以及意大利、英国、法国文艺复兴式。反观中国现在的楼群，基本上没什么格调，更谈不上什么协调，只像是在批量复制各种呆板和僵化；我觉得倒是中国古代的建筑群，与曼哈顿的建筑群在气质上类似，格调是统一的，轮廓线也是协调的。

不同风格的建筑物把曼哈顿十四街以上的大道分隔得线条分明，几近于笔直的南北走向的12条大道，外加莱克辛敦大道（Lexington Avenue）、派克大道（Park Avenue），以及麦德逊大道（Madison Avenue）。其中最著名和我们最为熟悉的高楼，莫过于洛克菲勒中心（Rockefeller Center）、帝国大厦（Empire State Building）及皇家酒店（The Plaza Hotel）。而中央公园（Central Park）则是纽约绿肺般的风景区，像水泥丛林中的绿洲，把五十九街到一百一十街从中间平均分成东西两半儿。

曼哈顿让我和历歌印象深刻的便是建筑、雕塑和绿地的有机组合。我和历歌更喜欢开着车在市里转，一路观看着曾经在好莱坞电影里看过的著名场景，比如Cary Grant in "An Affair to Remember", Audrey Hepburn in "Breakfast at Tiffanys", Macaulay Culkin in "Home Alone"。

记得我和历歌在逛曼哈顿第五大道时，还凑巧碰上了纽约一年一度的同性恋大游行。参加者各个穿着奇异的服装，游行中配的音乐强劲得有点儿暴力。还有彩车，以及各种表演和歌舞。有时候真佩服老美，笑点如此之低，在公共活动中总是充满感染力和奔放的热情。说实话，我对同性恋大游行不太关注，反而对游行队伍中扔出的小小纪念品充满兴趣，或许是一种职业习惯吧。

也正是在那次大游行中，我学会了“敢于爱”的手势，有点儿像京剧花旦的兰花指。后来在电视里我发现很多摇滚歌手也非常喜欢用这个手势，大约是传达一种猛烈的爱的意思吧。我个人认为，爱还是不要太猛，猛过头容易颓废，适可而止才是人间正道。

在逛纽约的过程中，我和历歌还去了中国城，遗憾的是中国城比较脏乱差。更让我遗憾的是，这种境况直至今天都没有改变。和中国城 Mott Street 紧邻的一条街叫 Mulberry Street，街的两边全是大大小小的意大利餐馆、咖啡馆和杂货铺。沿着这条街再往北走到尽头，就是俗称的小意大利区，它正好夹在 Chinatown（中国城）和 SOHO 的中间，好莱坞经典电影《God Father》的很多景点就取之于此。

Mulberry Street 是小意大利区在中国城的窗口，但凡到中国城就会注意到这条街，这条街异常干净。因为经过 Mulberry Street，总会看见餐馆门前的意大利人拿 Ajax（一种去污粉）在清洗人行道，那股认真劲儿比拖自己家的地都卖力。而中国人往往把自己的家居环境收拾得干干净净，有的人家进门还要脱鞋子，但绝不会像爱护家一样爱护公共场所，所以中国城不如人家意大利街干净。

熟悉了纽约之后，让我更加坚信自己迁来纽约是何其正确的决定。人的一生应该是奋斗的一生，但奋斗的效率是有高低之别的，我们要追求高效的奋斗。高效的奋斗首先来自对目标的执着，其次是需要积聚更多的助推力。纽约就是一个可以给你更多助推力的城市，在这里各种商业信息如浪般涌来，哪怕你闭着眼睛都可以学到很多东西。

在熟悉纽约的过程中，我还得完成一个任务，就是在纽约买一个仓储办公一体化的大房子，好让我的公司能在纽约安营扎寨。其实在搬来纽约之前，我就查阅了大量的房地产广告，遴选了七十多个符合要求的房子，并对这七十多个候选目标按照性价比、地段、付款周期进行了排序。正因为做好了排序，在选房过程中才避免了盲目。最终，我买了一个位置极佳、占地15亩、约1500平方米的房子。这其实是我做事的一个很好的习惯，计划与排序相结合，既要把事情做周密，又要抓效率。在美国打拼多年的经验告诉我，只有把事情做好充分的排序，路才能走稳、走踏实，做事随机意味着随意，很难想到最佳方案。

我一直有个观点，一个人最终能走多远，取决于他的眼界；而他的眼界，取决于他站在怎样的一个平台上。来到纽约，我感觉自己的眼界又一次地被打开，很多新的想法被激发出来。我几乎是迫不及待地想在纽约大干一场了。

读懂五彩斑斓的美国人

想赚美国人口袋里的钱，一定要明白美国人在想什么。美国是一个移民国家，是由各种肤色、不同信仰的人聚合而成，可谓五彩斑斓。我在美国待了这些年，对美国人当然是有深刻认识的，我认为自己的这些认识相当有价值，是我在商业上取得成绩的一个重要原因。

认识一，美国人大多都是很实在的。前些年美国人是不讨价还价的，为什么不讨价还价，主要是大家基本上都很实在。尤其20世纪80年代和90年代初期的时候，美国人普遍都不会砍价。他们去商场买东西，看上了，买得起就买，买不起就走，根本没有砍价的习惯。事实上，在当时他们也没有砍价的必要，因为同样的东西基本是同样的价格，走到哪里都一样，所以说他们实在，也不知道因地制宜定价。

当然，现在情况不同了，自从中国成为世界工厂，中国人和中国产的商品大量涌入美国后，这种情况发生了逆转。道理很简单，当Made in China风行美国后，同样的东西不再是同样的价了，而且价格似乎像道德一样失去了底线。当他们去一家店发现一样东西已经很便宜了，再跑两家店，他们会发现更便宜的，再费点劲儿跑两家，还能发现更便宜的。当然，很可能都是产自中国。

给美国人的感觉是，以前商品的价格像是一个有尊严的白领，现在商品极大丰富后，商品的价格变得低贱了很多，有蓝领价，有底裤价，有裸奔价，还有跳楼价，只要不怕费腿，总能找到更便宜的。正因价格变数太大，美国人从90年代中后期开始，也学会砍价了，甚至也砍得急赤白脸，砍下来一副志得意满的样子。毫不夸张地说，美国人砍价的意识是中国人造就的，美国人现已将砍价的意识变成了习惯。

认识二，以黑人为代表的美国人情绪容易被调动。相较白人而言，黑人更容易冲动，性格线条也更为粗放，买东西一般是不带挑的，可能衣服少条袖子都看不出来。这可不是玩笑，我在美国销售袖子长短不一的皮衣时，几乎都是黑人兄弟埋单。

如果碰上有钱的黑人，出手是极其大方的。你看看那些NBA球星花起钱来大手大脚的样子，就可以对黑人冲动、粗放的性格有更为直观的认识了。你研究一下好莱坞那些笑点低、票房高的喜剧电影，就会知道美国人是很容易被鼓动的。因此，你卖给美国人东西，就你本人而言，一定要外向、热情，用你的情绪调动他们，对成功合作大有裨益。虽然黑人容易被感染、激发，可就黑人整体而言还是比较贫困的，只能是50美元以下产品的主力消费群。

认识三，美国人相对比较简单，不爱忌妒，通情达理。跟美国人做生意简单，以我的经验来看，对于那些经销商来说，只要你的货能让他赚钱，他就会很感激你，把你当作朋友。至于你赚多少钱，他们根本不会眼红，甚至不会去关注。跟美国人吵架也简单，抓着有理的时候狠狠吵，百用百灵。跟讲理的人吵架其实好吵，抓住理不放，对方自然屈服。

认识四，美国的印巴人很会做生意。别看印度和巴基斯坦贫穷，可在美国闯荡的印巴商人都很精明。他们垄断了美国的刀具以及皮服一类的生意。

认识五，在美国的韩国人是不大瞧得上中国人的。他们跟中国人做生意，比较爱拖欠中国人的货款。

认识六，纽约的犹太骗子也遇到过，穿着考究的服装，戴着昂贵的手表，会在展销会上给你下订单，口气很大的样子。开头几个小额订单，他会如约付款，等你相信他之后，他会下一个大订单，拿到货后就玩失踪，这时你才发现他之前留下的信息都是假的。

当然，对美国人的认识不可能是一成不变的，一定是一个不断丰富、不断发展的过程。需要你亲自去感受，不断去思考，直至能从自己的角度总结出规律，并成功指导自己的工作实践。

总的来说，跟美国人做生意，一定要外向，要了解他们的交际文化，能迅速调动他们的情绪，并从中判断出他们下订单时最主要的考虑因素是什么。这是一种需要反复锤炼的经验，当这种经验升华为感觉，你便会觉得在美国做生意其实很简单。

下面再说说美国各州的奇怪关系与特点，这也是你加深对美国了解的必修课。

美国精华的地方是东北各州。纽约当然是最精华的，而曼哈顿的上东区则是精华中的精华，华尔街各大金融机构的有钱人就住在这儿。曼哈顿上东区的人都觉得自己是时代的精英，生活得虽比别地的人累，但自我感觉也比别地的人优质。当然优质的人才与丰富的名牌大学资源是分不开的，8所常春藤加上麻省理工都在东北这里。由于这些优秀的大学里有来自世界各国的学生和学者，所以用美国人自己的话说就是“大熔炉”，既保持了传统又很开放。既不像西海岸那样过于自由，又不像中部那样过于保守。

美国的人口多集中在东部，美国东部相对保守，或许源自英国早期殖民地的清教徒传统吧。西部除了沿海地区人多，就是人烟稀少的洛基山脉、沙漠和高地，比如盐湖城所在的犹他州和拉斯维加斯所在的内华达州。有些州比如北达科他州和南达科他州极少会被提起，几乎不为人所知。

东部的波士顿很适合居住，安静美丽，周围都是大学，很有学术气息，天气也好。据说波士顿人是出了名的自大狂，看不起包括纽约在内的任何地方，可能跟当地教育水平高、平均素质也比较高有关吧，而且波士顿所在的麻州税也很低。

特拉华州是最早在美国独立宪章上签字的州，所以自称 First State。每个人的驾照上都会写上这个东西。虽然州小，但是有钱。杜邦的总部就在这里，还有很多的化学公司、制药公司也在这里。因此，污染比较重（相对于别的州而言）。杜邦每年给州里上贡不少银子，所以 Delaware 也是美国唯一没有消费税的州。

Wlimington 是许多金融公司的总部所在地，比如 Chase、Morgan Stanly。

中部平原地区以农业为主，给人的感觉是落后，有个笑话讲发达地区的人会问堪萨斯州的人：“你们有铺好的路吗？有室内卫生设施吗？”中部地区的人非常保守，是虔诚的基督教徒，经常会抗议学校教“毫无根据的进化论”，而要求在自然课教上帝创造论，沦为笑柄。

五大湖地区为传统工业基地，以 Chicago 为典型的代表，周边围绕 Detroit 等工业城市，也是犯罪高发地区。芝加哥好像是美国人心目中的一个暴力城市，想起看 DH 时，那个可恶的修女回敬了 GABY 一句“……我可不会怕你，我从小在芝加哥长大”，GABY 一下惊呆了，这话给我的感觉就是一个人如果带挑衅地说“我在芝加哥长大”，就好比在说“我从小跟龙哥混大的”一样。还有 CSINY 里的头头 MAC 也来自芝加哥，虽然剧中没明说这个城市如何，但还是给人一种“这城市犯罪率很高很混乱”的感觉。当然不能一概而论，芝加哥北区是高尚社区，南区确实很乱，是黑手党出没的地方。

美国大城市的市中心犯罪率一般都很高，还有些特别乱的区，比如芝加哥南区、洛杉矶中南区、纽约布鲁克林区，底特律、新泽西也以高犯罪率闻名，“罪恶之都”拉斯维加斯倒是相当安全。

最西边的加州是20世纪冒起的新贵。70年代前加州的王牌是好莱坞，70年代后新加了“硅谷”。加州也是美国最有钱的州，当然人均不是最富。西北角的华盛顿州也不错，有波音和微软就够了。

西海岸特别是加州比较自由开放，旧金山好像是全美同性恋比例最高的城市。洛杉矶一带是娱乐界精神的代名词，有人向往，有人厌恶。俄勒冈在美国西北沿岸，挨着华盛顿，人少树多，有强大的机械制造基础，在美国也被看作乡下。这个州的白人多，民风也算不错，在一些富裕的社区，有的人甚至外出不锁门，那里风景也很优美。

相较而言，美国东北各州属于传统贵族，有钱而不失矜持；西部太平洋边的则属于新晋青年，时尚前卫有冲劲。

事情做起来道理都是相通的，只要切入本质，抓住特点，就离成功差不远了。切入本质不容易，抓住特点需要多实践、勤思考。分析了解形形色色的美国人，观察各具特色的美国各州，就是我努力抓取特点的一个过程，并不觉得辛苦，反而觉得很有意思。

有多好的语言做多大的事

有句老话说得好:“鼻子下面就是路。”这是真理。

在俄亥俄读博士时，我发现同窗的很多美国牛人博士大多出身优越，从小的学习环境非我可比，都上过扎实的语言训练课。有人从12岁开始学拉丁语和希腊语，有人高中修过几门大学的法语文学课，有人每年至少去10个国家。有一位甚至说:“过去的6个暑假，我都没有浪费，都在上语言班。”他们普遍的观点是，要尽量趁年轻多上学，学对自己有长远好处的东西，比如语言。工欲善其事，必先利其器，学好了语言才能走得远。

语言好太重要了，我是感同身受。那些能把一句屁话讲得掷地有声的主，往往能在人生中获得不错的回报。看看奥巴马吧，他总统当得怎么样不好说，反正在力克时艰方面，表现得像一个资深前列腺患者，鲜有畅快淋漓的案例。可一旦上了演讲台，他就是一个鸡血达人，气场强得能扭转时空，能让人跟着他不知所以然地激动和微笑。“我有一个梦想”，这话谁都会讲，可马丁·路德·金兄弟讲出来，就有种摄人魂魄的功效。

当然，这些只是玩笑话，但道理如此，只有语言过关了，你才能有效传递信息，又能恰当地制造氛围，让讲话充满说服力。在美国，你如果没有充满说服力的演讲才能，在职场很难做到高层，创业则很难走进客户的内心。

那么，你的外语怎样才算过关呢？

标准一：看你描述事情是否能做到具体。事情说得越具体，讲话会越生动。比如你与其简单地说有一辆车，不如说有一辆加长版的土黄色奥拓，准确的描述会更让听众有画面感；同理，当你提到某人的时候，如果不说清姓甚名谁，来自何方，会显得力度不够，效果要逊色许多。具体准确的描述容易让人更信任你，也容易让你表达的意思有镜头感，听者容易被带入情境中。在这一点上，我们可以向乔布斯学习，他对演讲过程的控制力，以及形象的比喻，都堪称标准。

标准二：一个人说话是否清楚，重点是看有没有逻辑。讲话的核心逻辑是一次讲话只能有一个主题，不要担心是否单薄，讲话能讲清楚一个论点就很不错了，即便有点儿偏差也不要担心，求全责备的讲话才是最容易失败的。

标准三：说话的深刻程度取决于知识储备。阅读、阅读，还是阅读。我之所以能和美国人无障碍沟通，在于用词精准，这自然与我在俄亥俄学习期间有惊人的阅读量有紧密联系。

理论问题能说得大致如上，剩下的是实践了。如果你觉得自己嘴笨舌僵，缺乏锻炼，可以先在亲近的人面前很正式地演练口才。

你可以对着镜子练，看着奥巴马、乔布斯的视频学，努力寻找神采飞扬、充满自信、铿锵有力的范儿。同时，可以参考美剧《白宫群英》，里头有一集是讲如何训练总统候选人演讲技巧的，讲得很到位。

说实话，只有语言好了，你才能讲好故事，而会讲故事恐怕是现在最有价值、最容易变现的商业才能了。在美国市场，一定要有讲故事的能力，尤其是用英文给老美讲一个中国故事。但遗憾的是我们大部分中国公司在这一点上，可能由于语言差异、文化差异、考虑问题逻辑的差异，讲故事水平低下。

我认为会讲故事这点非常重要，无论你是讲给公司、讲给媒体还是讲给用户，都很重要。其实在美国言过其实的公司也有，一年冒成几百上千的公司，但甭管它们是真正牛的公司，还是言过其实的公司，都会把它们的故事讲得很好，有一个很不错的前景，有相对长远的愿景，会讲它们是专注产品体验和精神的公司，会讲很多很好的故事。如果比一比，一些中国台湾的公司、新加坡的公司，包括印度公司，讲故事的能力都比中国公司好。尤其是在很多公司相互竞争的情况下，你要证明自己与别人不同，讲故事的能力尤为重要。而要想把故事讲好，则离不开对语言的精通。

广东人和温州人，在美国做生意很少有做大的，最致命的问题就是语言不好，从而影响了发展。王嘉廉是CA(联合电脑)的老板。他抓住了机会，创立了“联合电脑”，专做适合大企业的软件，曾一度成为仅次于微软的全球第二大软件公司。我在克利夫兰时读过一篇关于他的报道，把他的许多话都牢记在心中，如:“移民要在北美获得成功，有三点至关重要，English，English and English。”

好好学外语吧，这是成为一个国际化人才的关键。

美国信用制度让上当变得很难

工作也好，创业也罢，最紧要的事便是入门。入了门，才有机会入流。怕就怕闭着眼睛找路，十有八九会撞到南墙。在美国做生意，要学会找门看路，要保证你起码不容易上当受骗，它最强大同时也最好用的工具莫过于对美国信用制度的充分利用。

美国可说是世界上最发达的征信国家，其信用体系的发展已有一百六十多年的历史。所谓征信国家，是指一个国家的信用管理体系比较健全，形成了独立、公正且市场化运作的征信服务企业主体，从而保证以信用交易为主要交易手段的成熟市场经济能健康发展。通俗点说，美国信用制度十分完美，你很方便地就可以查到一个人或一个公司的信用程度，在这种制度下，上当受骗成为一件很难的事。正因为任何人都可以快速取得资本市场、商业市场上任何一家企业和消费者个人真实的资信背景调查报告，企业和消费者普遍形成自觉培育和维护自己良好信用的习惯。在美国这样的征信国家做生意和生活，信用的缺失是一件很可怕的事情，不少企业和个人因此断送了事业或生活中应有的便利。

具体来说，美国会根据法律对不讲信用的责任人进行适当惩处，并教育全民在对失信责任人的惩罚期内，不要对其进行任何形式的授信；在法定期限内，政府工商注册部门不允许有严重违约记录的企业法人和主要责任人注册新企业；允许信用服务公司在法定的期限内，长期保存并传播失信人的原始不良信用记录；对有违规行为的信用服务公司进行监督和处罚。

对消费者信用评估和提供个人信用服务的中介机构，在美国叫信用局，或称消费信用报告机构。它们专门从事个人信用资料的收集、加工整理、量化分析、制作和售后服务，形成了个人信用产品的一条龙服务。在美国，信用局收集消费者个人信用信息的工作方式是主动的，不需要向被记录者打招呼。而且大多数授信机构都会将消费者的不良记录主动提供给信用局，使失信消费者的信用记录增加负面信息，今后无法成功地申请其他信用工具。信用局主要通过三个渠道获取消费者的信息：一是经常从银行、信用卡公司、公用事业公司和零售商等渠道了解消费者付款记录的最新信息；二是同雇主接触，了解消费者职业或岗位变化情况；三是从政府的公开政务信息中获取被调查消费者的特定信息。整个美国有一千多家当地或地区的信用局为消费者服务，但这些信用局中的绝大多数都附属于Equifax、Experian和TransUnion三家最主要的征信局，或者与这三家公司保持业务上的联系。而这三家征信局都建有覆盖全美国的数据库，包含了超过1.7亿消费者的信用记录，从而在事实上形成了三足鼎立的局面。这也构成了美国信用局制度的核心。

美国的信用局制度就个人信用信息的收集、个人信用产品的开发和管理，形成了一套科学的体系，主要包括三个环节：（1）个人信用资料的收集和登记；（2）个人信用数据的加工处理和信用评估；（3）个人信用产品的销售使用。

信用局向消费者本人或者法律规定的合法机构和个人提供信用报告。信用报告包括四个方面的内容：（1）个人识别信息，除通常的个人信息外，还包括社会保险号、工作、职务，以及雇主信息；（2）公共记录信息，包括个人破产记录、法院诉讼判决记录、税务扣押记录和财产判决记录；（3）个人信用信息，包括每个信用账户的开始日期，信用额度和贷款数量、余额，每月偿还额，以及过去7年的贷款偿还情况；（4）查询记录，包括查询人的名字以及查询目的。

信用局提供信用报告是有偿服务。单独的一份信用报告收费8美元，三大信用局合并的信用报告收费29.95美元。如果你要每季度得到一份个人信用情况变动的报告，就要付出49.95美元。

如果你在美国没有信用记录会如何呢？那就惨了，你享受不了任何优惠，连手机电话费都得预存。因此，初到美国的人，都要老老实实开始建立信用记录，诸如按期交纳电话费，用商场的购物卡购物再按期把支票寄去，尽量多和外界发生些借钱还钱的交易，等等。

对于我这样的供应商而言，供应商之间可以互相提供信用信息，比如遇到新客户要求赊账，我又对他不了解，怎么办？我既可以去信用局或信用公司，付费查这个客户的信用情况，也可以问别的供应商，是否接触过这个客户，他的信用情况如何。按照美国的商业文化，别的供货商是非常乐意提供自己知道的情况的，甚至视为自己应尽的义务。

中国人在美国是比较容易上当的，一是对美国社会不了解，二是中国人太急于卖货，这是能被骗子利用的关键。因此，要想把生意做牢靠，就要懂得选客人，而选客人不一定非得靠经验。充分利用美国的信用制度，上当便变得很难，只要花费小小的一点儿费用，多打两个电话，便能对陌生的客户有个准确的判断。

融入美式商业文化

要想在一个陌生的国度找到属于自己的位置，语言很重要，融入这个国家的文化也很重要。作为一个创业者，之所以能在纽约打开一点儿局面，能始终拥有一批忠实、稳定的经销商朋友，就是在于我充分融入了美式商业文化，让他们觉得我与他们是同一种人。

美式商业文化之一：讲究高效率，直接进入话题，不拐弯抹角。美国人不论在观点上，还是在表明立场态度上，都比较直接坦率。讲究高效率，不愿拖泥带水。谈判时，要直截了当，时间安排要紧凑。跟美国人打交道，一定要有美国式的快节奏，做事要利索到能听见鼓点。

美式商业文化之二：重合同，法律观念强。他们一旦签订了合同，就非常重视合同的法律性。在他们看来，如果签订合同不能履约，那么就要严格按照合同的违约条款支付赔偿和违约金，没有再协商的余地。在美国，没有万事好商量的习惯，他们只会抠合同条款，立在纸面上的东西就是实际要遵守的东西，不要跟他们谈什么惯例、潜规则，或装可怜，没用。

美式商业文化之三：要自信，不要谦虚。美国商人在商务活动中总有一种富国强国的自信和自豪，处处流露出优越感，谈吐较直率大方，显得轻松和好打交道。如果你有十分能力，就要表现出十分来，千万不要遮掩、谦虚，否则很可能被看作是无能。

美式商业文化之四：讲究实际，注重利益。美国人做生意，以获取经济利益作为最终目标。但不要漫天要价，美国人不喜欢别人漫天要价。他们认为，做买卖要双方获利，漫天要价属于没有商业教养的行为，同理，价格低得惊人的产品可能被理解为是质量不好的。

美式商业文化之五：重视管理。美国人认为企业的价值和管理能力有着密切的关系，管理的水平会直接体现在产品质量上。因此，在向美国人展示产品的同时，不要忘了介绍公司的管理团队，以及正规的管理方式。说到底，美国是一个喜欢将事情模板化、流程化的国家，你越是向他们展示你公司的条理性，他们就越是尊重你。

美式商业文化之六：有计划性。计划性和前期资料准备工作非常重要。和美国人谈生意，一切活动都要事先安排好。谈判前要有具体的项目，有一个很具体的目标。资料准备工作越细越好。如果没有详细的资料，想起什么谈什么，美国人会觉得你根本不认真，是浪费他们的时间。因此，跟美国人谈生意，要将时间周期节点化，表格化更好，这会被视为专业程度高。

美式商业文化之七：喜欢简单明了。企业介绍手册和产品说明书要尽可能地简单明了。企业介绍手册要做得精美，语言要用与时代同步的英语，并尽可能口语化，尽量多用数字、图表。相比之下，中国企业的介绍手册大多过于繁复。

美式商业文化之八：公私分明。有一种不正确的理解，认为美国人做生意很死板，丝毫不讲人情。实际上，美国是人种熔炉，美国人的传统是从事商业，特别是犹太血统的人具有经商的天分，其实他们也是讲人情的。但他们做事时，公是公，私是私。他们不希望在自己的私人时间里被打扰。美国人是接受礼物的，但要以个人的名义，正式谈判时不要带礼物。

美式商业文化之九：与美国人谈判，“是”和“否”必须说清楚，这是一条基本的原则。当无法接受对方提出的条款时，要明白地告诉对方不能接受，而不要含糊其辞，使对方存有希望。有些人为不致失去继续洽谈的机会，便装作有意接受的样子而含糊作答，或者答应以后作答而实际上迟迟不作回答，都会导致产生纠纷，失去诚信。万一发生了纠纷，就更要注意谈判的态度，必须诚恳、认真，绝对不要笑。因为在美国人看来，出现了纠纷而争论时，双方的心情都不好，笑容必定是装出来的，这就会使得对方更为生气，甚至认为你已经自认理亏了。

与美国人谈判，绝对不要指名批评某人。指责客户公司中某人的缺点，或把以前与某人有过摩擦的事作为话题，或把处于竞争关系的公司的缺点抖搂出来进行贬抑等，都是绝对不可以的。这是因为美国人谈到第三者时，都会顾及避免损伤对方的人格。这点务必牢记于心，否则是会被对方蔑视的。

美式商业文化之十：美国人对商品的包装和装潢比较讲究。这是因为美国人认为包装对商品的销路具有重要的影响，只有新奇的符合国际潮流的包装，才能激发消费者的购买欲，扩大销售。在美国，一些日用品花费在包装上的费用占到商品成本的很大比例。

美式商业文化之十一：美国市场的季节性较强。美国市场对各种商品的需求均有较强的季节性，通常分春季（1—5月）、夏季（7—9月）和节日季（11—12月）。每个季节都有商品换季的销售高潮，从感恩节（11月底）开始便是美国人冬季节日购物的季节，特别是圣诞节，是美国商品全年销售旺季。进口商进口订货均根据其国内销售季节来组织，因此，如果错过销售季节，则意味着这一年度暂退出美国市场，甚至长时间被排除在美国市场之外。因此，要根据美国市场的季节性来调整产品变化，以及退货、兜底、账期、供货期的节奏安排。当然要保持一定的库存量也能应对市场变化。

美式商业文化之十二：美国人习惯依律行事。美国市场是一个法规健全、规范有序的市场。美国管理市场和进出口的各种法律法规多如牛毛，一切都需按部就班、依律而行。在对美贸易中要随时准备向律师、会计师等专业人士咨询，一旦违反美国各种复杂、烦琐的法律法规，很容易造成损失。

美式商业文化之十三：美国市场的接纳性很强。美国社会是一个大熔炉，其人口多是来自不同种族、不同国家的移民。同时，美国贫富差距较大，高、低收入阶层均是相当可观的消费群体，因此，来自世界各地的各种档次的产品在美国均有需求；当然由于美国市场竞争激烈以及美国国内对产品质量的严格管理，对进入美国市场产品的质量要求非常严格。

美式商业文化之十四：注重仪表。美国人性格自由奔放，但在商业及办公场合，对仪表的要求同样很苛刻。“First impression last.”（“最初的印象永不改变。”）如果你的皮鞋不怎样，袜子太短了，或者领带的花式不够正规，都会遭到老美发自心底的小看。因此，在正式商务场合，当你发现别人见了自己微微皱起眉头，应该领会到他的潜台词：“Seems this guy doesn’t belong here.”（“看上去这小子不属于这里。”）

总体来说，美国人的性格通常是外向的。因此，有人将美国人的性格特点总结为：外露、坦率、真挚、热情、自信、滔滔不绝，追求物质上的实际利益。他们的商业文化也是基于他们的性格特点衍生出来的，把握好了，你会觉得在美国做生意其实一点儿都不难，毕竟中国人的勤奋被世界所公认。

对于如今咱们国内的厂家而言，如果对美国商业有一定了解，可以将自己的企业情况、产品介绍资料及名片等邮寄给我国驻美使领馆各商务处（室），以及购买美国每年都会出版发行的大量有关企业名录，或许有助于打开局面。

把生意从苹果总部做到白宫总统办公室

能讲一口地道的美式英语，将公司开到了纽约，认识了美国社会，清楚了美国市场，精通了美国商业文化，我有一种厚积薄发的冲动，打算将健身球在美国市场做大做强，做成真正的Number One。我知道美国市场某种程度上代表着全球市场，一个产品赢得了美国市场，很多时候就等同于获取了全球市场。

我将健身球定位为具有健身功效的中国工艺品，那么如何在美国市场推广中国工艺品，我先期进行了详细的市场调查。

首先，我对美国的工艺品市场进行了详细的调查。美国的工艺品往往指纯手工艺品，大多是美国一些家庭企业生产的，这些企业规模都很小，产品就在家乡及周边地区销售。少数出名的，专门为一些精品专卖店供货。美国工艺品的销售渠道主要是一些年营业额不超过几百万美元的小型礼品店，多分布在各旅游景点的商店。其他销售渠道有家具店、珠宝首饰店、花店、书店、贺卡店、画廊。一些百货公司、服装店也有销售。此外，美国一些 B to C 网站与目录邮购店也经销工艺品，而且成长速度很快。

美国消费者最喜欢用新材料、新工艺、新题材的工艺品，他们购买新奇的工艺品会觉得自用与送人都很酷，能体现新潮与个性。他们购买具有神秘色彩或民俗特色的工艺品时出手很大方，有不少美国人喜欢购买西藏与印度的工艺品做摆设，新疆、内蒙古的工艺品也开始备受青睐。现代美国人更讲实际，更倾向于一些多功能、实用性的工艺品。

美国人对收藏品还是有品牌意识的。如果是让客人观赏的摆设品，更是如此。他们会说这是某某人的作品，或者是某某厂商出品。但是，一般的摆设，他们倒是没有品牌意识的。只要他们觉得好看，和他们的摆设很相称，他们就会购买。作为礼品，他们的品牌意识更低。总的来说，美国消费者购买工艺品主要在旅游假期、各种节庆日与个人纪念日。他们购买价格在10—20美元的商品时不会犹豫，只要求商品本身及包装比较讲究，最好有简单的文字介绍，既增加自己的知识，又能向亲友与同学炫耀，说明所购买工艺品的奇特好玩有趣之处。

其次，我对中国工艺品在美国市场的销售现状进行了调查。我发现除少数民族工艺品仍为手工制作外，大多是由一定规模的工厂生产的，已有相当的工业化生产的成分，尤其是工艺礼品。但中国工艺品的弱点是：对美出口长期处在生产什么销售什么的阶段，产品多年不变，做不到按国际市场的需求和美国消费者的习惯有针对性地开发新产品。创新性不够，缺乏创造力和灵感。从调查中发现，美国商人采购中国的产品，不仅仅是因为中国产品便宜，同时也是来寻找不同文化的新产品。因此，要想针对美国市场开发新产品，要用新思维将产品身上的文化特性发挥到极致。

针对我了解到的市场现状，我开始思考健身球有没有机会拿下美国市场，美国人会对看上去莫名其妙的不锈钢铁球感兴趣吗？想来想去，属于健身球的市场契机有以下几点：

一是美国人很节俭，放在房子里的摆设，一般是不更换的，他不会把他的摆设丢掉，然后再去买一件回来代替它，就算是搬家，也把它们搬到新家去。除非你的工艺品使他非常欣赏，非买不可，那就不是单纯的装饰品了。正巧我们的健身球符合这一特征，不仅是工艺品，还有健身用途。

二是美国人购置礼品一般都不会超过20美元，而且美国人送礼品，既要求便宜，还要求实用。我们的健身球也正好符合这一特征，零售价在20美元左右，有异域风情，还有非常强的实用性，可以通过锻炼手指来健脑。还有一个很好的卖点，不论是圣诞节还是情人节，不论是送爱人还是送老人，健身球看起来都是一个很适合的礼物。

三是健身球的占用面积小，作为工艺品而言，容易摆放。既可以放在家里，在看电视或休闲的时候随手把玩，还可以和家人比赛谁玩得好。而且还可以放在车里，美国人习惯于在车子里摆放一些有意思的东西，健身球不占地方，还可以作为常备健身器材。另外，美国的家庭除了室内之外，也有在室外摆放装饰品。一般的家庭是没有高高的围墙的。前院通常是绿色的草坪，后面则是家庭在户外的活动场所，可能有游泳池，也可能在后院摆放一些装饰品，就是所谓的庭院摆设，健身球作为有装饰功能的便捷型健身器材，放在美国人的院子里或游泳池旁，供大家晒太阳时把玩，简直再惬意不过了。

我开始为我的健身球产品做整合营销分析，最后健身球在美国市场的热销，证实了我的营销工作是切实有效的。

1. 向市场推广健身球的独特之处。与一般的中国工艺品不同，健身球有较强的实用性，它相当于是工艺品与日用品的一个完美结合。中国工艺品只有面向美国大众百姓才有较大的市场，因为国际市场对产品需求的趋势是强调多功能。而健身球正符合这样的需求特征，它既是浓缩中国文化的工艺品，又是有健身功能的日用品。

2. 要在宣传中突出对于美国消费者而言健身球有足够的新颖性。不仅玩法很丰富，而且还会发出奇妙的响声，这是他们很多人之前从未有过概念的新产品。作为一个对新鲜事物充满好奇的国度，这种充满异域气质以及有东方皇家血统的新玩意儿，一定能激发旺盛的购买力，而且可以通过美国市场辐射全世界。

3. 将健身球题材多样化，要大胆根据美国广大消费者熟悉并喜欢的模式来丰富健身球的样式，甚至是玩法。出于此，我先后与河北的健身球厂做了多轮次的产品开发，先后开发出一百余种健身球品种，除了传统的不锈钢铁球，还开发了景泰蓝健身球，纹有龙凤图案、阴阳、熊猫、笑脸、八卦以及皇家图腾标志的健身球……以期在产品推广的不同阶段适时推出，充分适应市场。

4. 利用各种广告宣传手段，充分推广健身球的大众性和通用性。一样产品要想获得最广泛的应用，要具备两个基本要素：一是越大众越好；二是越通用越好。就像 iPhone 一样，不会为中国设计一个按钮，也不会为美国设计一个按钮，全球都在用一个按钮。健身球在这两点可谓天资卓越，它不像针灸那般神秘，没有男女之分，也没有场地限制，在任何时候、任何地点都可以玩健身球，方便、通用，让锻炼身体这件事充满效率，甚至可以说重新定义了一种健身方式。

5. 推广健身球作为一种中国传统修身养性的健身器材，具有不可替代的安全性。美国人注重安全性，而健身球恰恰是一种极其安全的健身产品，游动于指尖，锻炼手指锻炼脑，负荷也不大，不会让人产生拉伤、崴脚之类的运动常见伤。尤其是对于上了岁数的美国老人，这样的产品给他们提供了一个称得上是最安全的运动形式。

6. 革新中国工艺品在美国宣传的传统模式。中国工艺品品种繁多，在美国市场上难以形成聚合力，往往单笔贸易额都不大，客户主要是港商、台商与海外华人。许多工艺品企业和经销商对产品样本与企业宣传资料下的功夫都不大，只是放几张照片，缺少有吸引力的说明。

我觉得要深度开发国际市场，一定要将产品样本与宣传资料打磨精细，尤其在内容上要重新编写，要契合美国消费者的心理需求。因此，我在大量的宣传品和广告中介绍健身球的文化内涵与特点，将健身球定位为具有中国特色的健身型工艺品，同时还给健身球编写了易懂的说明与有趣的故事，能让人记得住并且方便宣传。例如所用材料的稀罕、制作工艺的独到、产品的历史悠久，曾被国家领导作为国礼送给里根夫妇。在推广健身球时，我曾花时间研究过美国芭比娃娃的营销历史，虽然只有几十年，但它的故事已经使芭比娃娃的身价越来越高，产品成为几代人的收藏品。我对于健身球的野心是让其深入每一个美国家庭，成为一种必备的中国式健身型工艺品。

7. 在健身球市场推广的后期，我充分利用网站进行健身球推广。为开拓美国市场，与国际接轨，我为健身球推广建了漂亮的英文网站，并与健身器材行业以及礼品行业内相关网站互联。甚至通过 B to B 平台，有效地提升企业知名度且增加商机。时至今日，美国的采购商几乎不与没有网站的企业往来。网站设计与制作水平会有高低，但不建网站已没有理由。一个好的网站可以为企业在全球的网上市场建立起好形象，而投资并不要很多。

如何建立好一个产品的推广网站，自然又是一门学问。首先，网站要有导购功能。工艺品不同于一般产品，它含有知识、文化及故事。网站不能只罗列卖什么，买什么。信息经过加工才有价值，网站要有导购功能，而且要放在首页。例如，网站可以介绍10个健身球品种以及在中国的工厂，介绍健身球是什么特殊材料做的，有什么特殊工艺，有哪些特色产品，有什么历史掌故，在国内外有什么影响，在介绍文化与知识的同时有效地宣传产品。另外，还专门邀请了美国手指健美大师，并与河北电视台专题制作了一部半小时的介绍健身球的精美专题片，如同介绍旅游景点同时应该介绍当地著名菜肴、风味小吃及特色纪念品一样。其次，网站要突出产品价格优势。因为美国采购商都希望减少中间环节的成本，拿到尽可能低的价格。所以，网站最好有工厂的一些照片，显示自己既是制造商，又是工厂直销商，不是普通的中间皮包商。最后，网站要直观地表示出企业的地理位置。因为交通条件与运输直接关系到产品的运费与所需时间。美国很大，采购商都希望知道产品到底在什么地方，不要完全用文字说明，而应该以图形表示企业离著名城市有多远，离主要港口与机场有多远，只有图示才最直观。下面是一些可以与之链接的，或可以在上面做广告的美国工艺品网站。

工艺品信息搜索网 www.craft.com

工艺品资源 www.craftsources.com

美国工艺品进口商、批发商大全 www.importerusa.com

美国工艺品网络大全 www.allcrafts.net

美国工艺品市场 www.craftmarketer.com

美国礼品与装饰品 www.giftsanddec.com

美国礼品新闻 www.giftwarenews.com

礼品销售代理商 www.giftwaresalesreps.com

制造商代理联合会 www.uamr.com

全国制造商代理协会 www.manaonline.org

市场行销最佳网站之一 www.knowthis.com

8.为了方便让美国采购商采购健身球，我自己编印了一册英文版的《健身球采购指南》，并在美国发行，通过展销会的方式，送到美国采购商、批发商手中，当然在展销会中，最好的发行场合是美国工艺礼品展览会。另外，《美国工艺品供应商大全》是美国工艺品采购商常用的工具书，入刊厂商是在美国有良好资信的专业供应商，比较容易被采购商接受。如果在供应商大全中没有列入，往往被认为是新入行的企业与没有可靠资信的。

9.参加美国商业团体也是我拉近健身球与市场距离的重要方法。美国有各类商业团体，它们都是民间团体，但对产业发展、市场开拓有重大作用，并可影响政府的立法。成为美国商会团体的会员十分有利于了解美国市场商情，方便参加各种商展与会议，也表示你是这个“圈子”里的人，对采购商建立信任很有帮助。美国的商会团体是开放的，在美国的公司以及与美国做生意的企业只要交纳会费就可参加，没有企业规模、所有制以及国籍的限制，参加与退出都是自由的。

美国的商会团体不是管理机构，而是服务组织，服务会员是其根本宗旨与存在的基础。美国的商会团体大致分三类，一类是地区性的，如州、市商会，但它们不存在领导与被领导关系，只表示服务区域不同。另一类是行业性的，按产业划分，甚至细到某一种商品。再有一类主要突出经营内容，如制造商协会、进口商协会、批发商协会、零售商协会。我当时侧重了解与参加后两类，如美国工艺品协会(www.craftassoc.com)、美国工艺品理事会(The American Craft Council，www.craftcouncil.org)。加强与美国商会团体的联系，不仅能帮助推广健身球业务，还遇到了很多OEM订单、品牌转让之类的机会。

10.对于经销健身球，我基本采用的是价格透明的准则。美国采购商习惯有透明度的报价，如果你将报价作为最大机密，不愿公开，喜欢如同在自由市场上卖菜一样，见不同人报不同价，头戴三尺帽，不怕砍三刀。短期来看，你可能会增加一些利润，但从长期看，你会失掉不少大客户，也容易得罪一些有实力的经销商。

工艺品不同于其他产品，不是以大小重量定价，有的外形类似，但价格可能会相差十倍。美国采购商对有报价的产品会多作考虑，对没有报价的产品就懒得一项项地去问了。有人担心公开报价会被动，怕报价低了吃亏，报价高了吓跑客户，更怕让竞争对手摸去底牌。其实，这种顾虑是不合时宜、不必要的，也是可以妥善解决的。

11. 开拓健身球美国市场初期，我大力物色并组建销售代理队伍。我选择的销售代理是熟悉美国市场、有能力、信誉好的专业人士。销售代理分为两类，一类只领取销售佣金，另一类领取底薪加销售佣金。在健身球推广初期，我一般对代理采用的是领取底薪加销售佣金，用尽可能多的让利吸引更多的销售代理。在健身球的销售量上来之后，我就与只领取销售佣金的代理商合作，让他们有压力，逼着他们想办法让健身球上量。

当该做的工作全做了，健身球在很长一段时间内成为全美最热销的礼品，如我们的广告所言："让每个美国人都拥有一副健身球！"复数式增长的销量让这句广告语成为现实的可能越来越大。当时为了推广健身球，我还做了一个非常有冲击力的海报，就是把康熙的头像和里根的头像拼在一起，两人头像下边放了一句话："他俩都玩过的东西，你还不抓紧玩玩。"实践证明，这个宣传海报做得非常成功。除了海报，我还制作了录像带，专门录制了河北健身球高手玩健身球的视频，在美国电视上或商品 Show 的现场播放，效果极好。

在健身球热销的时间里，不仅普通的美国人买回家做礼物，还有大量的企业团购订单。那时，我们的健身球像海滩上的消暑啤酒一样好卖，健身球甚至出现在好几部好莱坞电影里，其中有一部是本阿弗莱克主演的科幻电影《时间裂痕》，在影片一开头，就出现了一对景泰蓝制作的健身球。

当时很多硅谷的公司购买了我们的健身球，白宫总统办公室和苹果公司都是我们的客户。我个人觉得不锈钢健身球的美学气质应该很对乔布斯的胃口，我也一直盼望找到一张乔布斯玩健身球的照片，那将是最好的活广告了，可惜未能如愿。后来在哈佛商学院读书时，一个美联储股东曾对我说，他曾亲眼见到乔布斯玩过健身球。确认了乔布斯玩过健身球后，我总是能从苹果公司的产品中看到健身球的影子，呵呵！

乔布斯到底玩过几次健身球？他是否真的爱玩？我不知道。但有一点可以确认，白宫、国会上、硅谷的好多精英都喜欢玩健身球，什么原因，谁也没做过调查。但是我相信越是简单的东西，越可能充满变化，健身球就体现了这种充满禅意的东方哲学，这也许是美国精英们热衷把玩的一个潜在因素吧。正是由于这些一线领袖们对健身球的追捧，健身球才得以风暴式地席卷全美。

健身球，引爆美国人的触觉革命

——Every American should have a pair.

从1991年到1997年，我们的健身球连续6年销售额超过100万美元。我在美国销售的健身球超过1000万副。毫不夸张地说，在当时的美国礼品市场，健身球是具有统治力的销售冠军，而且是有史以来在美国大众市场上真正堪称畅销的中国产品，尤其是印有八卦图案和笑脸标志的健身球，绝对算得上是家喻户晓的产品。

我们的广告口号是：让每个美国人都拥有一副健身球。健身球从20世纪90年代初开始在美国热销，直至现在，我可以自信地说，我真的做到了。那么到底是什么样的价值能支撑健身球在长时间内热销呢？

首先，健身球是美国市场上从未有过的非力量型手指保健产品。人的手既是应用最频繁的器官，又是最被忽视的器官。一般人都不知道手指应当如何保健，抑或说手指可以做哪些保健运动。健身球的出现，改变了种种状况，而且是一种和谐的运动方式，充满了趣味性和新颖性。

按照中国中医经络“十指连心”的理论，经络把手指与脑神经、五脏六腑联系起来，通过五指拨动铁球，球体对手指手掌各个穴位的刺激，使得气血津液保持通畅状态。它能疏通经络，调和气血，舒筋健骨，防治高血压及各种慢性疾病。经常锻炼还可以健脑增智，加强记忆，消除疲劳，提神消忧，有延年益寿之功能。

健身球是我国的传统健身工具。根据中医理论，人体是由经络系统从里到外、互相联系着的一个整体。人的每只手上都有6条经络连着头部和胸部，并从这里通向全身。而且在手指末端、掌心以及手背等处的经络上布满了许许多多敏感的穴位。对这些穴位进行刺激，可以改善和提高人体的生理功能，而健身球就是通过手和球的活动，对有关穴位和经络产生不同程度的、有节奏的刺激作用。

中医研究还证明，长期运用健身球锻炼，不仅能够调节中枢神经、增强记忆力、开发智力、提高思维能力、消除大脑疲劳，还能调和气血、舒筋健骨和强健内脏。经常运用健身球锻炼，对于高血压、神经衰弱、手部神经炎、肌肉痉挛、中风后上肢（特别是手）功能障碍、指尖麻痹、手臂乏力、上肢关节炎、手部血液循环不畅等病症，有良好的治疗和保健作用。

在美国的系列宣传活动中，我给健身球总结出了7种具体功效：

1. 疏通经络，调和气血。人体的五脏六腑、四肢百骸、五官、皮肉、经脉等组成经络，是一项重要的生理机能，就是输送气血到全身各部，营养周身。

2. 内联脏腑，增强功能。中医认为，手掌与人体内部脏腑之间通过经络、神经、血管等，把两者紧密地联系起来，根据内脏与手、足心的这种特殊的表里关系，常用手掌拨弄铁球可调整阴阳平衡，增强脏腑功能，改善脏腑失调，达到健身治病目的。

3. 锻炼指力，增强体力。双手练健身球，各手指均需发力，拨弄旋转才协调，坚持长期锻炼，指力明显加强，体力也必然会随之增强。

4. 活动关节，消除疼痛。人体上肢有肩关节、肘关节和手关节，随着年龄不断增长，人体关节等组织可发生不同程度的退行性改变，一般在50岁以后，手、肘、肩等关节便开始欠灵活。美国是一个关节炎高发病率的国家，健身球预防关节炎的功效非常受关注。

5. 舒筋活血，医治偏瘫。对轻度中风后遗症的病人，古代民间就有手转核桃、脚踏圆木棍的锻炼方法，但用铁球效果更好。

6. 调节神经，改善睡眠。手不仅是一个运动器官，也是一个十分灵敏的触觉器官。俗话说“十指连心”，就是指手指对疼痛特别敏感，通过球体对手、神经末梢的刺激，可以有效地调节大脑皮层的功能活动，使紊乱的植物神经得到调整，从而改善睡眠。还有降低血压、健脑益智、解除紧张、消除疲劳的功效。

7. 摩擦生静电，缓解颈椎病。中医理论认为，在铁球转动、按摩穴位的同时，铁球和手掌之间产生的静电和热效应会同时通过穴位传导到周身各处，这种静电和热效应对治疗颈椎病、肩周炎的效果十分显著，能够很好地预防和缓解这些病症。

其次，健身球锻炼方法的多样性对美国消费者有着巨大的吸引作用。我们聘请的广告代言人是美国最著名的手指大师，他是世界手指芭蕾的创始人，常被美国的一些电视台邀请做手指运动艺术的专题表演。他在成为我们的代言人后，常常在电视节目中表演健身球的8种锻炼方法。

1. 五指捏球：手指自然分开抓住一个球，各手指用力捏球，停顿一下后放松一次。

2. 虎口夹球：四指并拢，与拇指分开，把一个球夹在手的虎口中，有节奏地用力夹球，一夹一松为一次。

3. 掌心握球：把一个球放在手掌心，手的五指自然抓在球体上，然后用力握捏球片刻再放松为一次。

4. 五指转球：把一个球握在手里，五指拨动球体旋转，可先顺时针、后逆时针转动，还可以向上、向下转动。

5. 单手抛球：把球向上抛起，等球下落时接住，同时五指用力握紧球体，借助球的重量和下落的力量刺激手掌穴位，8—10次为一组。

6. 双手搓球：双手掌心相对，把球夹在掌心，进行单一方向的搓球练习；还可以双手五指相交，用掌心相互挤压球体。

7. 双球旋转：用单手托双球于手掌里，手指用力拨动球体，让双球在手掌心顺时针或逆时针转动。

8. 双球跳跃：把双球托在手掌中，一球放在四指，一球放在手掌根。四指用力推动前球由外向内跳过另一球进入手掌心；与此同时，手掌根向前推动后球，使双球上下滚动跳跃。

在练习中，应左右手交替进行或双手同时进行。每天坚持练习，持之以恒，一定能收到健身、防病及治病的效果。当然，防病治病的功效我在美国的广告中没有宣传，但实际上健身球是可以起到这种效果的，也有很多美国人在坚持玩健身球后，确实发生了治病防病的奇效，他们的口碑传播也是促进健身球在美国市场上热销的原因。

最后，我试着从文化的角度分析美国人为什么会接受健身球。美国人习惯于事情或产品能够清晰地定量定性，他们像是个方形的物种，有棱有角，不善于驾驭圆润、模糊的东西。美国人是直接的，就像他们推崇的体育明星都是异常强悍的，具有威慑力和统摄力的，可以直接把对手 Pass 掉的主儿。我觉得就是再过两千年，美国人也难发明出类似点穴、太极等充满哲学思辨智慧的搏击术。

健身球的出现迎合了美国人好奇、喜欢新鲜事物的天性，他们对于可以发出悦耳声音、玩法奇特有趣的健身球，充满了兴趣。美国人认为健身球代表了东方式的智慧，两个小圆铁球，在手掌间把玩简直是一种颠覆性、创造性的玩法，很有东方文化那种说不清道不明却又很玄妙的感觉。小球虽简单，玩起来却极具挑战性，可以顺时针转，也可以逆时针转；可以单手转，也可以双手转。

美国善于用机器把人隔离开，减少人与人之间的接触。自助餐、自动取款机都可以理解为这种文化的衍生品。而两个银球如何在手掌间转来转去却不相互触碰，也是美国这种文化的一种东方式巧妙折射。

综上所述，健身球的出现和热销，可以说是重新定义了美国人的手指运动方式，甚至引爆了美国人的一种触觉革命。健身球的奇妙之处在于，它既是一个纯粹的中国传统产品，又契合了美国的消费价值观和文化审美心态，将实用性与艺术性、趣味性与哲学性自然地融合起来，创造了一个发生在美国市场的销售奇迹。

差一点儿让中国的猪皮占领美国中低端皮衣市场

健身球生意虽然做得红火，但我知道没有哪个生意是可以长盛不衰的，必须要找新的产品，做新的项目。

一次回国考察，我认识了一家民营皮衣厂的老板，那皮衣厂的名贼牛，叫武汉奔驰皮衣厂。简单地在厂里考察了一下，我发现厂里的皮衣价格相当低，也就是一两百块钱人民币吧。价格低的原因是奔驰厂的皮衣都是猪皮做的，中国的猪皮不值钱，成本自然也低。

猪皮做的皮衣按道理是很硬的，为什么奔驰厂的猪皮皮衣却很软和呢？厂长告诉我，皮衣用的头层猪皮，本身比较薄，再经过特殊工艺的磨压，最后出厂的猪皮皮衣摸着手感还是不错的，虽然比不了羊皮、牛皮，但不是行家绝不会感觉是猪皮的。

回到美国后，我开始考察美国的皮衣市场。我发现美国皮衣市场都是印度皮衣、巴基斯坦皮衣的天下，这两个国家的农民都养羊，因此盛产羊皮，做成皮衣后，销往欧美。

羊皮虽好，价格也高，最劣等的羊皮衣也要80美元以上。奔驰厂的头层、二层猪皮皮衣虽然不能和羊皮相比，但价格有优势啊，进口到美国也就20美元左右，如果能以三四十美元的价格卖出，利润可以说是百分之百。

觉察到了市场空间，我就从奔驰厂订了一批皮衣，开始在美国进行试销售。开始卖23美元一件，遭到哄抢。我立刻提价，涨到25美元，还是供不应求。30美元时，销量还是不错。

这批皮衣，赚钱多少不是我最关注的，我想知道的是，在美国市场上，这样的皮衣卖多少钱时是利润和销量的最佳平衡。于是我继续涨价，当我将皮衣的价格涨到40美元时，发现出现滞销的情况。我得出判断，奔驰牌头层猪皮皮衣，价格定在25—30美元，将很有竞争力，并有可能在相当长一段时间内旺销。

了解清楚市场，我信心满满，只要奔驰厂能保质保量供货，我是绝对有信心让中国的头层猪皮皮衣在美国市场打响。第一批皮衣量不大，很快就卖完了，于是我打算从奔驰厂大批量进口一批皮衣。按照常规，我应该亲自回国收货、验货的，但那段时间既要忙健身球生意，又要卖皮衣，实在无法抽身回国进货。没办法，只好委托一个国内的朋友去皮衣厂帮我安排收货、验货。

两个月后，满满三个货柜的皮衣抵达美国东海岸，我打开货柜一看，傻眼了，这都是些什么玩意儿啊？这批货简直烂透了，几乎全是残次品、旧货，有的皮衣袖子长短不一；有的上浆过火，整个皮衣像是从油罐子捞出来的；有的皮衣还有斗大的洞，还有的拉链头装反了……在整理皮衣的过程中，货柜里还跑出来七八只老鼠。

我明白了，奔驰厂把压箱底的垃圾全发给我了。我被算计了，如果皮衣厂老板不是大型实景魔术师的话，一定是我所托非人，帮我验货的朋友被收买了。

这是我在美国做生意期间最大的遗憾之一。如果不是队伍内部出了问题，按照正常的轨迹，我完全有可能让中国的头层猪皮走向美国、走向世界，甚至垄断性地占领美国的皮衣市场。

能把垃圾卖掉才是Number One

将买到手的垃圾皮衣拍了大量照片，我赶紧回国，找武汉奔驰皮衣厂的老板理论。回到武汉，天气很热，我心里却拔凉拔凉的。奔驰皮衣厂在把所有的尾货甩给我后，已经倒闭关门了，厂长也联系不上。这件事就这样了，没有任何问责的空间和余地，我白白赔上了往返的机票费，很是郁闷。

无功返美后，我、历歌和公司的几个员工商量怎么处理这批皮衣，这可是好大一笔钱啊！想来想去，没有好的处理办法，只能想办法把这些皮衣卖掉，否则损失巨大。要想卖掉这些残次品，必须进行加工修补。可如果在纽约找工人修补这些皮衣的话，工资太贵，我们雇人家补，即便把皮衣卖出去还是会赔不少。无奈之下，我和历歌只好开始学习皮衣的加工修护技术，并把公司上下十几个员工都发动起来，打响修补皮衣的战斗。

我们学得很快，主要原因是压力大，学得认真，效果也明显；次要原因是有海量的皮衣可供我们练手实践。总之，经过夜以继日地学习后，我和历歌都成了专业的皮衣加工养护工，上浆、软化、用褪色碳笔或专业鞋油给皮衣调色，我们是越干越熟。用鸭蛋清打稀涂于皮衣面上3—4小时，然后用软布将蛋清擦干净，再在风中吹干。用温湿软布擦遍，风吹干再涂上绵羊夹克油，然后用300 W电熨斗垫白布烫一下，皮衣可保持原样。

虽然我和历歌修复了一部分皮衣，但有些硬伤是没有办法补的，比如有洞的、袖子长短不一的，严重超越了修补技术极限。怎么办？没办法，只能硬着头皮卖有硬伤的皮衣喽。

那真是我迄今为止遇到的最艰巨的销售任务，我们将皮衣的价格定在19美元，消费对象定位为黑人，因为在美国，他们的收入普遍比较低，是低价产品的拥趸。为了把袖子长短不一和有洞的皮衣卖出去，我们联系了一个美国二线的嘻哈黑人歌手做代言，让他在演出时，穿着我们的破皮衣，为我们的破皮衣做颇为另类的代言。

当这个黑人歌手穿着奔驰牌破皮衣，唱着满是脏话的hip hop在喧嚣璀璨的舞台上嘶吼时，那场面还真挺酷的。靠他的带动，美国的黑人小青年对于袖子不一般长且有洞的皮衣竟然有了一定的接受力，谢天谢地，只要他们觉得酷就行，再不把这些皮衣卖掉，我就要被逼得唱hip hop骂人了。19美元的破皮衣在黑人社区还算旺销了一阵，纽约的一些毒贩、街舞高手，有一阵子都穿着奔驰牌破皮衣乱晃，着实有些令人匪夷所思。

即便这样，我的仓库里还积压着近2/3的皮衣，除了亲爱的黑人消费群，我还得开发别的渠道。在美国皮衣销售界，巴基斯坦商人占据垄断优势，美国一多半的皮衣经销商都是巴基斯坦人。为了给积压的皮衣找销路，我开始联系巴基斯坦籍的经销商，看看他们中间是否有对便宜皮衣感兴趣的人。

煞费苦心，必有斩获。有个巴基斯坦商人对奔驰皮衣的价格产生了兴趣，但压价压得非常狠。他要的量很大，我开始怀疑他是否真有能力消化这批货，于是追问他要把货卖向哪里。

巴基斯坦商人开始时三缄其口，后来见我怀疑他的购买诚意，于是告诉我他有路子能把皮衣卖到难民营里，难民们买衣服不挑款式、质量，只求保暖、便宜，奔驰牌皮衣是难民们的最佳选择。

我听了之后，同意巴基斯坦商人的压价请求，但同时要求他不能以高价卖给难民，必须以低价出售，因为发难民财是可耻的。我把这个条款写到合同里，并要求巴基斯坦商人对神发誓，必须以收敛暴利欲望的方式将皮衣销售给难民。

巴基斯坦商人觉得我很善良，也向他们的神发誓，他将以低价卖给难民兄弟们皮衣，慈善第一，利润第二。我让他在向神发的誓言中加一句，如有违初心，来生做猪。他思考了10秒钟，拒绝加这句话。

抱着不抛弃、不放弃的原则，我用了五年时间，把这批皮衣处理掉了，卖掉了3/4，捐赠出去1/4。想想这批皮衣温暖了很多穷困潦倒的黑人兄弟，以及难民营里在生存线上挣扎的难民兄弟，唉，也算对得起这批皮衣了，最终让它们物有所值。

杰克·韦尔奇给我的忠告

洛克菲勒中心（Rockefeller Center）号称能给游客以全新的建筑体验，是纽约地标式的建筑。而洛克菲勒中心彩虹厅（The Rainbow Room）则宣称任何来纽约的人都应该在第65层的“彩虹厅”里，享受一份星期天的上午餐。

“彩虹厅”保留了它曾经的烂漫气息，奢侈华丽的装饰在纽约都称得上是数一数二的。在这里，你不仅可以欣赏到最好的城市风光，还可以品尝美味的食物，并享受一流的服务。洛克菲勒中心作为杰出建筑而言，最精彩的部分就是“彩虹厅”本身，一个垂挂着金银色窗帘的小舞厅坐落在缓慢旋转的跳舞地板上。

在洛克菲勒中心65层的彩虹厅举办的一次午宴上，我与杰克·韦尔奇（美国通用电气公司前董事长）有过近一个小时的交谈。我们讨论的议题是企业的核心资源。

韦尔奇在对我的布道中传达了三点内容：

一是钱是最广泛的资源，员工一定要有强有力的利益刺激，才能有源源不断的新主意和产品创新，这会给企业带来持续增长的收益，以及劳动生产率的不断提高。因此，要面对现实，给予员工最充分的激励，对于高级人才只要认为值得就绝不吝啬付出。要做到换人不含糊，用人不皱眉。始终使用最顶尖的业务人才，不惜代价挖到手，要把人才的因素发挥到极致。在用人方面，头脑里不能有任何桎梏，完全打破等级、门户、辈分之见，让每个人、每个头脑都参加到公司事务中来。同时一定要让优秀的人才在公司的主战场和第一线感受他们自己的价值，让他们发现和看见自己工作的意义及其实现机制，否则会造成人才资源的浪费。概括来讲，就是将最巨大的支持和资源授予最优秀的人才。

二是任何企业都有两类问题：硬性问题和软性问题。硬性问题包括财务、营销、技术和生产等，软性问题是关于价值观、士气和沟通等。硬性问题通常会影响企业的底线——利润线，而软性问题则会影响企业的营业收入总额。如何解决这两类问题，首先要明白成功属于精简敏捷的组织。自信可以使复杂的问题简单化，而简单的程序可以保证快速的应变。其次是集中精力，绝对不妥协地向官僚主义开战。最后是竭力尊重有能力的人，让没有能力的人滚蛋。

三是作为公司的领导者，一定要具备以下素质。制定跳起来才可能够得到的目标。不论在任何行业，只把眼光盯住龙头老大，只参与行业内最有前景的领域，剥离没有创新空间的部门，不涉足业绩经常为外边环境的变化所左右的、自己无法控制的周期性行业。建立起对充分的准备工作和大量图表进行现实分析的极端癖好，随时准备全面分析对手可能采取的行动，只面向现实的经营前景，从不按照自己的期望、预测的所谓远景考虑问题，将自己的文化包括自信灌输给公司的每个人。

与员工沟通，消除管理中的警察角色，不要一味企图抓住下属的小辫子。从监视者、检查者、乱出主意者和审批者转变为提供方便者、建议者、业务操作的合作者。要记住，管理越少，成效越好。在公司内部，点子、刺激、能量必须源源不断，并且以光速传播。不要花太大的精力试图改变不符合公司文化和要求的人，直接解雇他们，然后重新寻找。

当然与韦尔奇的交流是双向的，在他向我布道的同时，我也利用我的知识面，传授了点儿他不知道的东西。我告诉他，资本主义分为三种：第一种是莱茵资本主义，讲求经济活力，社会和谐，环境友好；第二种是华尔街资本主义，以利用金融股票逐利为根本；第三种是儒家资本主义，讲求传承关系的东方式资本主义。

韦尔奇听了很感兴趣，并告诉我，他奉行的是莱茵资本主义，他一直在企业管理中灌输公益价值观和融入社区的意识，争取实施全球化战略中的地利和人和。

在午宴快结束时，韦尔奇还和我交流了如何开好公司会议的问题。他认为在公司内部会议上，一定要鼓励甚至逼迫每个人提出自己的独到见解。关于市场和生产方面的讨论和研究，可以连续几个小时地进行，但是一定要争吵，以贴近真实答案。要记住好主意来自四面八方，点子的沟通应该随时随地，枪毙一切形式主义的官样文章，这样才能开出务实、高效的公司会议。

最后，韦尔奇给了我管理公司的两条寄语：一是要做到一致，简化，重复，坚持，管理本来就是这么简单；二是只要员工做到了高要求，立即给予奖励，让每一份付出都得到最及时的回报。

韦尔奇对我的布道，对我后来从事生产领域意义重大，他的很多话像是火种，播撒在我的意识深处。

在曼哈顿第十一大道亲历“9·11”

“9·11”那天，我和历歌都在纽约。我在纽泽西，历歌在曼哈顿Jauits展览中心里参加商品Show，历歌距离世贸大楼不过两条街的距离。

9月11日的那天早晨，8点43分：飞机带着十几吨汽油，撞在大楼上，温度高达千度，大厦即将软化而坍塌。那座楼就像一块融化的巧克力一样倒塌，伴随着巨大的轰鸣。这恐怖的轰鸣声无法模拟，更难以用语言来形容，只觉得周围上下都是声音。其中还夹杂着人的惨叫声，随之而来的是更恐怖的景象，扬起的尘土和浓烟像翻腾的巨浪，足有40层楼高。

看到电视直播后，我马上给就在世贸附近的历歌打电话，手机里传来的却是没有信号的嘟嘟声，我的心顿时揪了起来。后来才知道，历歌所在的展览中心当时就闭馆了，所有货品放在中心内封存，所有人马上撤离。历歌随着人流走在曼哈顿的大道上，看到从世贸方向逃出来的人，各个满身是水。因为世贸附近都是烟尘，逃出来的人各个被烟尘裹得很严实，为了避免将烟尘带离世贸现场，消防员拿着水龙头将每个从世贸方向逃出来的人冲刷了一遍。

当时，四十二街的巴士总站也关了（汽车、火车、地铁中转中心）。望着远处冲天的烟尘，历歌只得盲目地跟着人流走，从世贸逃出来的人各个神情呆滞，似乎都没有勇气回头看，这让历歌也不由得心生恐惧。谢天谢地，我终于打通了历歌的电话，我问历歌在干吗，历歌说在排队，等着坐哈德逊河的摆渡。

我在电话这头异常诧异，按照我的直觉，曼哈顿应该成了人间地狱，人们肯定会像灾难片演的那样乱作一团了。谁知电话那头的历歌正在排队。当时满大街都是人，林肯隧道与荷兰隧道都关闭了，常用公共交通设施都停了只有临时摆渡船开放。历歌说，所有的人虽害怕，但沉默而有序，大家主动让残疾人和孩子先上摆渡船，其他人按秩序排队。历歌光是找队尾就走了一个多小时。

9点43分，美国国防部五角大楼也被恐怖分子所劫持的飞机炸得死伤过百。

下午，我终于见到了从曼哈顿坐船回来的历歌，劫后重逢，万千感慨在不言中。

媒体后来报道，世贸大厦的电梯是分段运行的。从1层到78层是一段，从78层再转电梯到达顶层。直通地面的楼梯1米来宽，按逆时针方向下旋。人们很有秩序地自动分排成两条道：左面离旋转中心近，总长度相对短一些，让老人和妇女走，可以更快到达地面；男士和青壮年自动选择右面。楼道里的人越来越多，一个紧贴一个，没有人推推搡搡，更没有人企图抢先；看见谁显出走不动的样子，就会有人去搀扶一把。大家精神集中，楼道显得挺安静，偶尔会听见轻轻的说话声，却没有人慌张叫嚷。甚至还听到有人开了个玩笑，显出让别人轻松一些的善意。各种相互安慰和鼓励的话也不绝于耳。“Don’t worry! Calm down!”（“别慌！要镇静！”）“We’ll be there!”（“我们没事的！”）……一切在自发状态中显得井然有序，有条不紊。

为悼念死去的亡灵，“9・11”当晚我遥望世贸原址，警察已经封路了，我只能在河对岸看着世贸大厦的残骸。“9・11”让我对美国人有了更加深刻的认识，也感受到了美国何以成为世界强国的原因。在生与死的灾难面前，大家表现得冷静而有秩序，对生活中遵守的那些准则没有丝毫背离，平时怎么做，生死考验面前还是怎么做，即便见上帝或下地狱，也不能让他们失去对规则和秩序的尊重，这太令人钦佩了。

美国西弗吉尼亚州矿难发生以后，12名失踪矿工并没有在爆炸中立即丧生，而是又艰难地生存了一段时间。每个矿工都有一个氧气瓶，可氧气瓶中的氧气只够用一个小时，在生死关头，几个年纪大的矿工一致决定将自己的氧气瓶让给年纪最小的矿工麦克伊。

正是有了年长矿工贡献出的氧气瓶，26岁的麦克伊终于等到了救援，成为13名失踪矿工中的唯一幸存者。

遇难矿工之一的马丁・托勒在遗言中写道：“我现在没有感觉很痛苦，只想好好睡一觉。我爱你们！”马丁生前是萨戈煤矿的一名组长，今年51岁，在那里已经工作了30年。

在哈德逊河对岸，我望着瓦砾中的世贸，回想那场举世闻名的矿难。我觉得“9·11”发生之后，美国人会更加团结，更加热爱自己的国家，一场爱国主义风暴即将席卷美国。后来发生的事证实了我的判断，在英雄消防员的感召下，美国展现出了前所未有的团结和爱国主义的热潮。那段时间，所有的产品都流行印美国国旗，只要印上美国国旗的东西都好卖。

我和历歌也乘机给奔驰皮衣印上了美国国旗，然后将所有收入捐赠给了在“9·11”中遇难的消防员家属，他们是真正的英雄，敢于冲向火海，冲向死亡的英雄。在美国，我和历歌算是近距离亲历了“9·11”，虽然惊险，但其实并不危险。我们曾经遇到一次危险，那真是与死神近在咫尺。

还在俄亥俄做生意的时候，我买了市政府废弃的一个消防站开公司。与我的房子隔着一条30米宽的马路有一个加气站，每天车来车往。一天，那个加气站突然爆炸了，油罐一个接一个地蹦向天空，爆炸声惊天动地，炸碎的油罐碎片飞向四周，每一块都是致命利器。

消防员和警察很快赶到现场，把我和历歌也从房子里疏散出来。我和历歌被警察疏散到远处后，我发现加气站的火势越来越大，似乎有扑不灭的架势。我心头一紧，我们的房子里堆满了货，大约是保不住了，更让我心急如焚的是，警察疏散我们的速度太快，我们什么东西都没带，有些东西是很重要的，比如存在电脑里的客户资料，那是我们在美国奋斗多年的心血啊！如果失去，从零开始的代价太过残忍了。

加气站的火势根本没有小的意思，油罐还是一个个地蹦向天空，火红的油罐碎片飞向加气站四周的屋顶上。所幸我们的房屋屋顶是橡胶屋顶，因此嵌了不少碎铁片，所以还没有着火。

我终于忍不住了，一个箭步冲破了消防员的封锁线，拼命向我的房子跑去，身后传来历歌撕心裂肺的喊声，以及消防员的骂声。望着四射的红铁片，我已经顾不上后悔，全力向我的房子冲去。

冲进房子后，我像个特工一样，以最快的速度把存有客户资料的主机抱起来就跑……

后来听消防员说，才知道我的行动有多冒险。那是当地最大的加气站，加气站地下有个巨型的油罐，如果那个油罐爆炸，半个城市就毁了。在生死线上跑了个来回，我算是明白了，人生需要勇气，更需要运气，没有运气，人生只能是悲剧般意外。

1992—2001，鄙人是纽约最棒的营销家之一

从俄亥俄到纽约，再到纽泽西，从美国安宁的中西部到繁华的东部，我终于把健身球在美国卖火了，在美国卖出去几千万副健身球，开发了数百种图案。

实事求是地说，我是美国的健身球大王。卖一样东西能称王称霸，达到垄断地位，那起码能证明我还是有点儿销售天分的。一位美国朋友说我是纽约最优秀的营销师之一，是美国的健身球皇帝。

我为何能在贸易领域小有所成，我曾总结过自己的一些经验，如果你觉得有自吹自擂的嫌疑，可跳过本章继续阅读。

第一，我是个好人，而且也一直在坚持做个好人。这看似与做生意无关，其实很重要，一个人的价值观如果出错了，会表现在他为人处世的方方面面，潜意识就会犯错，不自觉地就会骗人、坑人。我坚持做个好人，

做个善良的人，这应该是正确的人生观。这样的人生观是一种能播撒种子，获得更多回报的人生观。

我有一个重要的南美客户，他是多米尼加共和国的将军，同时也是一个专做市政建设生意的商人。这位老哥在他们国家混得很开，绝对是上流社会的头面人物。可他来美国跟中国人做生意，因为作风豪爽，嫌杀价跌份，从不杀价，自然屡屡被中国商人宰个痛快。他自从认识了我之后，发现我人好，从不找机会宰客户，因此他以后无论买什么，都让我帮他代办。当我去多米尼加游玩，将军可以直接领着我进总统府。

第二，我有一个公平的心态，追求“按利是图”的准则。从不追求最大可能赚多少钱，而是考量自己应该赚多少钱。在我看来，追求利润一定要有底线的，如果跨过这条线，人就会向不择手段靠拢，即便赢得了钱，也会输掉人脉，输掉未来，输掉人生。

第三，我建立了科学、合理的客户管理体系。我的客户都是按照严密、细致的等级来划分的，对于优质的大客户，我遵循服务第一的原则，保证tameness能享受到最佳的优惠、最好的待遇、最长的账期；而次级客户，我遵循激励第一的原则，在保证服务品质的基础上，实施大尺度的激励原则，从中挖掘能成为优质客户的苗子；对于分散、随机的小客户，我遵循口碑第一的原则，确保他们对产品和服务的认同感，并能将这种认可传播到更广的范围内。

第四，对新的趋势或新的技术要有高度敏感性。比如，我在1986年之后就开始用PC，创业后用电脑管理客户，用当时最先进的软件，管理库存以及销售过程中的各个环节。

第五，一定要勤劳并且机智。说起勤劳，这是实现梦想所必须具备的一项素质。历数十来年跑商品Show、送货而跑坏的车，有雪佛兰、卡迪拉克、福特、五十铃、雷克萨斯、悍马……总计达20种之多，到底有多辛苦，以致我自信我比美国交通部的人更加了解美国的高速公路。

为什么说要勤劳而机智呢？人生的危机其实无处不在，如果对突发危机处理不好，你所有的勤劳可能都会白费。美国的高速路是修得好，可危险同样存在。美国很多高速路周边都是森林，有很多鹿不时会冲到高速路上，而且鹿是没有视力的，因此每年都会发生无数起因鹿引起的交通事故。有一次，我开夜车，车速很快，人很困，咬着牙撑着眼皮往前开时，马路边漆黑的丛林里突然蹿出一只大鹿，很大的一只，比人都高。那头鹿蹿到高速路上时，我离它只有10米远了。回想起来，当时真是太危险了，如果我选择立刻猛打方向盘，以当时的车速推断，一定会翻车，而且不止翻一个跟头，同时还可能被旁边车道开来的车再来个二次撞击，可能命都没了；如果我直直地跟鹿撞上去，以那头鹿的体格和重量，也必将是一起惨烈的车祸。其实以当时那么快的车速来看，留给我考虑的时间也就0.1秒钟。我做出的选择是，先不动方向盘，死命踩刹车，我能听到车轮与地面剧烈的摩擦声，在离鹿只有半米不到的距离时，我将方向盘打了不到半圈，车头偏成了45度，蹭着鹿的身体飞驰而过。

事实证明，当时我用0.1秒做出的选择是唯一正确的选择。在美国出人头地不易啊，要一生勤劳，还要有0.1秒的快速反应能力。

美国生意经

在美国经商多年，跟美国大大小小的经销商打过无数交道，多多少少总结了一些生意经，在这里拿出来跟大家共享。奉劝那些心怀出国梦的中国小伙子，学好英语固然重要，但要会做生意才能真正实现美国梦，否则只是个来美务工人员，顶多是打工的地方不同，层级不同而已。

如果你害怕做销售，或者你无法忍受烦冗琐事，那么就不要做外贸。如果你是一个热情的推销员，你有耐心跟踪每一张产品清单或者运货收据之类；或者你喜欢和不同文化背景的人打交道；或者你喜欢看到你引入的新产品、新想法取得什么样的成效，等等。

生意经一：客户总会抱怨价格太高，我总是说一分钱一分货，以质量好来回复。事实上，要想在美国把生意做长久，一定要选质量好的产品。别忘了，美国有严密的信用体系，你的口碑坏了，很快圈子里的人都会知道。

生意经二：价格是硬道理。特别是大客户，他们对价格的考虑绝对是高于对质量的考虑的。而且千万不要以为自己做不下来的价格别人也做不下来，在你这里一分钱的货，别的工厂半分钱就可以了。以电子厂为例，光是在广东东莞一个地方就有大大小小三千多家，客人的选择余地是非常大的。所以在客人威胁不降价就转单的时候，千万不要以为以他的价格根本转不出去。便宜是王道，不服不行，我们国内喊要做品牌喊了很多年，可是有几个牌子在世界范围打响了？中国货横行世界，靠的还不是便宜。因此，只要你的产品在价格上有竞争力，当然是在不牺牲质量的前提下，那你就直接来美国做生意吧，肯定比在国内赚得多。

生意经三：如果客户说要验厂的话，你的机会就来了，千万不要嫌麻烦，只有大客户才会在下单之前验厂的。做生意一定不要怕麻烦，越麻烦的事越可能是一块硕大的肉骨头。记住，麻烦很多时候就是机会。

生意经四：不要轻易地对客户说“不”。圆滑的处理是好的选择。例如，客户的目标价格实在是做不下来，可以说“我再帮您和老板争取一下”，或者推荐可以达到目标价格的产品给客户。

生意经五：关于报价单的问题。现在的客户大都有自己的报价单格式，方便比较，但是有的人不能理解，甚至偷懒，总是不能及时、完整、正确地填写客户提供的报价单，总觉得用自己的报价单就 OK 了，不需要再填那么复杂的东西。但是站在客户的立场上，连报价单这么简单的东西都做不好，怎么会放心把订单交给你呢？

生意经六：一份客户联系名单是很重要的，最好是在自己的

OUTLOOK里编一份，每隔一段时间就发一些新产品以及报价之类的，虽然只是举手之劳，却可以让客户对你保持印象。其实，有价值的客户是有限的，在经过前期的撒网和筛选后，如何让有潜力的客户下单就变成第一要务，而让客户保持对你的良好印象是成功的第一步。

生意经七：要对成本、质量、品种、交货等各个步骤做到心中有数。比如交货地点是选择在美国的东海岸交货，还是西海岸交货，这其中的运费、仓储等会有极大差异。再比如，你要进口一批服装，产品的包装一定要设计好，一个包装箱内要遵循2442的原则，即2件中号、4件大号、4件特大号、2件特特大号，小号要单独包装。包装设计合理，意味着货到美国后，不用再分拣重新包装，可以省却美国昂贵的人工费。如果你拿不准到底什么样的产品包装最适合发货，你可以先进一小批货，试试看看包装合理与否。

生意经八：不要过度相信报关公司。报关公司只是按照一般流程给你报关，并不会就你的个案量身定制般去研究报关政策。出于对利润负责的考量，建议你自己仔细阅读关税表，选好税率，让报关行去报。比如我给健身球如果报运动器材的话，关税就会很高；如果我报铁球的话，关税可以节省50%。当然，你在自己琢磨好该如何报之后，还要去海关试验一下，看看这么报可行与否。

生意经九：产品产地一定要标明。美国海关对此要求异常严格，如果一旦发现你进口的产品产地标志模糊或没有，那对不起，这批货要被查扣在海关监管的仓库里，直到你把产地标志制作好，贴到产品上为止。如果货多的话，这是极费时耗力的活，而且海关的仓库价格昂贵，绝对让你肝疼。

生意经十：在美国，不要害怕打官司，尤其是在商业合作中涉及的官司。在美国公司看来，很多官司之所以选择开打，是在商业谈判陷入僵局后，试图通过官司来寻找重新合作的机会。对方先起诉，对于法官判案来说，就意味着先入为主。因此，在一些商业纠纷中，双方都会抢着起诉对方，但官司了结，大家重新开始谈，甚至很多时候并不会影响日后的合作。

我在做汽车橡胶件的时候，与美国一家叫 UPR 的大公司产生了矛盾，这家公司虽大，做事却不太靠谱，老压着我货款不说，还总是挑一些小毛病扣货款。合作时间一长，我和 UPR 的矛盾越来越深，尤其当我得知 UPR 买通我公司的员工从我在中国的代工厂家偷偷进货，更是气不打一处来，也给了 UPR 一些苦头吃。矛盾彻底激化后，2004年的时候，因为一个标的只有几十万美元的商业纠纷，UPR 恶人先告状，将我告上法庭。

官司开打后，我和 UPR 都请了每小时600美元的大牌律师，力求抢得先手。记得官司开打后的第一个礼拜，我就花了7万美元的律师费，UPR 自然也花了差不多的钱。见律师费如此高昂，我琢磨得想个办法，要不然官司即便赢了，拿到的钱估计全给了律师都还不够。于是我想了个策略，解聘了每小时600美元的大律师，换了个每小时150美元的小律师。我给小律师下达的指令是，想尽办法把官司的周期拉长，慢慢跟 UPR 耗。小律师当然愿意，打拉锯战官司他挣得多啊。

官司打了三个月时，UPR 被高昂的律师费彻底打败了，主动找我和解，提出愿意满足我的诉求。官司和解之后，UPR老板主动提出愿意跟我继续合作。我想官司的输家都如此大度，我作为赢家也没理由小气，于是欣然同意。在美国打官司是很寻常的事，也不要把打官司视作你死我亡的阶级斗争，很多时候，美国的官司打得一点儿都不严肃，芝麻大点儿事也要去法庭走一趟。只要制定好策略，完全可以把官司作为缓解矛盾、寻找重新合作的契机。

在我看来，这些生意经不仅在美国适用，其实在世界的其他地方一样有通用性。它们是我思考、实践、沉淀、升华的成果，也是我收获的真正人生价值，远胜于金钱。

2000—2003
波士顿

哈佛商学院的案例教学法

哈佛大学成立于1636年，是美国最古老、最著名的大学之一。哈佛是为纪念第一位为其捐资的慈善家约翰·哈佛而命名的。哈佛商学院每年招生约800名，包括工商管理博士、在职管理人员课程学生，在籍学生达四千多人，此规模为美国之最。

哈佛商学院的名望不仅是由于它首创了MBA学位，也不仅是因为它在管理教学中首创了案例教学法，还不仅是基于它拥有一个庞大的明星教授群，而是因为它确确实实向美国社会输送了大批极其优秀的人才。正是这些毕业生在社会上的卓越表现，才使哈佛商学院扬名世界。

商学院按学生的背景、经历、特长、兴趣配组成班。学生中有美国参议员的子女，有已经获得博士学位的理科生，有奥运会运动员，有西点军校的教官，有税务律师，有会计师，有银行家，有工程师。哈佛商学院重点培养学生具有五种能力：一是通才的眼界，使学生能全面地考虑一个组织的问题，在较大范围内了解组织的状况；二是培养分析和综合能力，使学生能把那些含糊的、没有条理的信息条理化，做出对问题的准确解说，进行创造性的选择；三是技术和专业技能，包括各种商业手段和职能方面的专业阅读；四是商业道德；五是专业成熟，使学生能在各种竞争中出色地完成任务。

美国《幸福》杂志的调查显示，美国500家最大公司的高层管理人员中，有大约20%是哈佛商学院的毕业生。他们活跃在各公司的总裁、总经理、董事长等显赫位置上。他们所经营和管理的公司，是全美甚至全世界声名卓著、资产雄厚、独霸一方的超级企业。因为他们为社会和经济发展所作出的贡献为世人所肯定和尊重，才使他们的母校成为人们心目中超一流的学府。不少人将哈佛商学院的MBA证书，看作是进入高级管理阶层的通行证。

哈佛的成功部分还来自在工作招聘方面广泛的联系以及学院多达3.6万的毕业生关系网。哈佛的学生在管理、交流技巧以及全球经济、市场和金融方面的能力得到了用人单位的极高评价，在以上领域哈佛商学院在全美都名列前三名。

2000年，我就读了哈佛商学院的OPM班，也就是咱们国内俗称的“老板班”。当然上哈佛的老板班不是有钱就能上的，他对招收学员的管理年限有严格的规定，并要求学员创办的企业年销售额必须达到600万美元，且必须为公司的大股东，英语口语娴熟。

哈佛老板班的课程概括分为三大部分，第一部分是“工具箱”，第二部分是“使用”，第三部分是“做大之后如何转手或上市”，总结起来有以下主要内容：要求学员掌握评价会计报表的手段和计算产品成本的方法；学习在不确定情况下如何决策及行动；用概念的方法来评估大形势，提供管理框架和分析手段；学会为深层次的公司目标调度资金；了解企业组织中人的需求、动机与行为的关系；理解什么是企业文化；什么是企业组织结构；企业中人与人之间的关系是什么；如何对企业内存在的各种问题、报告、提案和决策等进行调查，并向企业内外进行传达和交流；如何通过分析有关生产过程、操作方法、生产能力利用率、作业规划、新工艺采用、质量控制等多方面的实例，来有效地使用人力、财力、原料、机器，以组织日常的生产活动、降低成本、提高质量、增加投资收益率，并学会制定远期生产战略和技术开发战略；如何通过最合理的资本构成，做出正确的投资和财务；等等。总的来说，哈佛大多数的课程运用各种不同技术以构成分析框架，但哈佛的课程设置要求学生超过分析范围，进一步把分析变成行动并付诸实施。

在哈佛学习期间，让我印象最深刻的是哈佛商学院的案例教学方法。哈佛的案例教学不同于我们常用的举例说明，而是一种启发式、讨论式、互动式的教学形式，它的主要特点是：把现实中的问题带到课堂，把教学的双方带到矛盾的冲突之中，把枯燥单调的理论章节变成解决真实问题的公开讨论，把教师的单向教授变为师生之间的教学相长，把个人的思路变为集体的智慧，把一个战略性的、束之高阁的理论框架变为解决现实问题的、可操作的实践。教师的讲授，不再是提供问题的答案，而是给学员提供解决问题的各种可能性和方法。

我记得在一次案例教学课上，教授给出的是一个企业并购的案例，提供了很多详细的背景，让大家分析讨论这次并购是否合理，结果是否成功。像往常一样，大家意见各异，有的认为并购合理成功，有的持反对意见，并直言主导并购的企业董事长是个脑残。讨论结束后，教授发言："大家讨论得很好，下面一个环节我们将请出当事人——即主导并购企业的董事长来现身说法，刚才大家的讨论，董事长已经在隔壁通过视频全看到了，下面我们有请他来说说当时他的真实想法。"好家伙，这堂课太生动了，大家在尴尬的惊诧中欢呼，觉得这样的案例课简直太牛了。

哈佛商学院为了保证课堂教学所用案例的多样性和全面性，所有的案例在正式列入课程之前，都要经过反复认真的讨论。一个案例通常要讲两三节课。每一节课80分钟，每节课开始，任课教授通常先指定一个学生起来说明案例、分析问题并提出解决问题的手段，或者指出实现公司目标的方法和途径。所给时间一般是10—20分钟。然后其他学生则分别从自己的角度来分析同一个案例，阐述自己的看法，并加以分析、判断，以及在哪些地方比第一个发言者所说的更好。

哈佛的这种教学方式，针对性和实用性很强，充分调动了每一个学员的积极性和创造性，帮助学员把已有的理论知识转变成解决实际问题的能力。哈佛的教授认为，案例教学没有正确的答案，只有不同的解决问题的方案，案例教学训练的是一种系统思考问题的方法和采取行动的勇气与决心。也许学员来学习时只有一个问题，学习后会变成10个问题。但同时他掌握的解决问题的方法会增多，思路会开阔，处理问题的自信会增强，决策和管理的能力也会提高。

通过在哈佛的学习，我感觉案例教学与一般基础理论课相比，对教师有更高的要求。哈佛大学经过几十年的磨炼，培养了一批熟练掌握案例教学的教师。从事案例教学教师的作用不同于直接授课，要介绍分析框架或理论工具，引导学员的分析过程，对学员的不同观点及时进行分类梳理，对有些重要的理念给予提示。这些都要求教师吃透案例，并且有广博的知识、较强的逻辑分析、要点概括和驾驭课堂的能力。

我们在哈佛学习时有幸领略了多个大腕级别案例教师的风采和魅力。这些从事案例教学的教授，每个人都是一个激情飞扬的演员，他把课堂变为舞台，投注了全部的热情来讲课，这种热情也感染了每一个学生。这些老师还像是控制课堂的导演，每一节课就如同一场电影，要在单位时间内完成教学任务，还要让尽量多的同学发言，严格控制课堂节奏，热烈而不混乱，有序而不死板，对同学的提示如春风化雨，最后的总结则水到渠成。案例教学的教师还是教学相长的对象，他们有谦虚的态度和博大的胸怀，认真听取同学的发言，积极鼓励不同的观点，耐心梳理大家的意见，勇于接纳批评和反驳，创造一种师生之间平等学习的良好氛围。

记得是一位人力资源专业的教授给我们介绍一家银行的业绩评价案例，他讲得声情并茂，我们听得聚精会神。他不时提出一些问题让大家分析和思考。有一位坐在前排的女学员声音比较小，而这位头发花白、身高1.9米多的教授，甚至跪在地上以便听清楚这位学员的回答。他根据我们的回答在黑板上列出解决问题的若干方案，并请大家分析各种方案的利弊和可能的后果，以及在世界不同国家实施各种方案的可行性。课程的最后，这位教授开出一系列书单，从中可以找到分析此案例的理论支持和必要知识。尽管教室内有空调，但是80分钟的一节课结束后，这位教授的衬衣都被汗水浸透了，此情此景让我们每位学员都非常感动。

我至今都记得自己在哈佛第一次做案例报告的经历：担任市场营销课的教授点名叫我谈谈美国一家电器公司的案例，我顿时心怦怦地跳起来。我扫了一眼笔记，试图回忆起昨晚已拟好的报告要点。但当我意识到没有算出这家企业盈亏平衡点的销售量时，感到一阵紧张。

教室安静极了，所有的眼睛都盯着我。在我发言时，教授将计划的目标和关键步骤一一列举在黑板上。我花了大约10分钟时间，讲了这家电器企业应实施的市场营销策略，讲了策略的投资预算和时间进度安排，以及对付各方面竞争对手的应变措施。当发言进入总结阶段时，我甚至有些得意扬扬。因为就在昨天晚上，我已经和同学充分讨论过这个案例，我确信自己的报告是一流的，然而我话音未落，几十只手毫不客气地举起来，他们像是已经准确无误地找到了我计划中的各种漏洞，准备攻击我的计划。这就是我在哈佛商学院第一次做案例报告的经历。

哈佛商学院讲课用的案例与一般学院所用的案例有很大的不同。一般学院往往预先准备好了案例的分析结果作为正确答案，但哈佛商学院认为一个案例的正确答案，绝不是唯一的案例分析结果，往往是一个中间产物，最后总会留下很多悬而未决的问题。因此，哈佛商学院有时甚至有意识地在案例制作时把一些重要的资料或数据漏掉。哈佛重视如何适应形势和形势变化去确定更好的、更有效的管理手段，而不太重视经营问题的解决结果。

从某种意义上说，在三个学期里学完一百多个案例，就好比用两年时间玩一个巨大无比的拼图游戏一样。尽管每一小块都有特定的位置，但先拼哪一块，是先从边上拼，还是从角上拼或是从中间拼，可以是千变万化的，全凭个人意愿。

哈佛商学院的案例分析教学法是从实战的环境出发来学习什么是经营和如何经营。发给学生的讲义和资料靠死记硬背是绝对消化不了的，要想把课程内容真正学到手，就必须每天晚上读完两三个案例，还要对它们进行详细的分析，并做出笔记。要充分准备好一个案例，一般需要两个小时以上的时间，没有一目十行的阅读能力和超人的分析能力是根本吃不消的。

哈佛商学院的案例教学法是一个不断向学生施加压力的学习机制。学院对学生成绩的评分，有一半取决于课上发言，另一半则视考试成绩而定，极少有书面作业。没有人能够在哈佛商学院“混”个文凭出来。在哈佛商学院经历过的一切，会像洗礼一样深深地影响着学生们的性格和将来的人生。哈佛商学院的学校生活会抓住和拥有你的整个身心，不断地向你智力和忍受力的极限挑战，并帮助和促使你去延伸这些极限。

在哈佛学习时还有些小细节令我非常感慨。为了便于大家相互认识，学院为我们每个人制作了一个标识姓名的胸卡。一次在课间休息时，为我们开设营销分析案例的教授看到我的胸卡后，主动向我询问健身球销售的情况。看到我面带惊讶的神色，他向我解释说，在我们入学之前，他们都要充分了解每位即将入校学员的专业背景，以便在授课时更有针对性。由于做了非常充分的准备，他能够一看到每个学员的姓名，就知道这个学员从事的专业。如此我才明白，为什么在课堂上老师有时点名让某位同学就某个案例发表意见时，该案例所涉及的专业领域“恰巧”就是被点名的学员讲授和研究的专业领域。原来功夫在课外。另外一个小细节体现的是哈佛商学院开放和灵活的文化。在哈佛商学院，每个班级都有自己的欢迎仪式，一来客人，就“哗”地一下站开，做一个开场秀，很有意思。

哈佛商学院如何定义成功的管理者

哈佛商学院认为一个成功的管理者应该是一个全才，至少应具备三种技能，即技术技能、人事技能和概念技能。面对企业组织日益复杂的今天，管理工作成了一件十分复杂的事，要想成为一个好的管理者，必须每件事都要做得圆满，他必须是：一个好的策划人；一个组织能手；一个协调人；一个管制人；一个分析人；一个推动人；一个设计人；一个意见沟通人；在许多情况下也必须是个老师；一个好学不倦的人；必须是一个决策人。

另外，哈佛还认为具有创造力是作为一个出色的管理者的基础，而具有创造力应培养如下特质：

1. 好奇心，这决定创造力的大小。

2. 具有创意和开放的思想。

3. 对问题具有较强的敏感性。

4. 在困难面前能够自信，在机遇面前能够大胆。

5. 适度的办事动机和强度，不急功近利，更不优柔寡断。

6. 能够在庞杂的事情面前抓住问题的核心，做出正确的选择。

7. 具有创造性的记忆，使记忆的片段相互联系，具有跳跃的流动性。

哈佛自认为是世界级企业 CEO 的摇篮，CEO 是企业的总指挥，他能力的高低直接影响着企业的生存与发展。实际上，一个 CEO 就像一个乐队的指挥一样，每一种乐器各自为政地演奏时很吵闹，但通过指挥者的努力、洞察及领导，就能将其配合成为有生命的乐章。但是，指挥的人手中有作曲家所做的乐谱，指挥者仅是解释乐谱的人而已。CEO 则不然，他既是作曲家，又是指挥者。这一特殊的身份就要求 CEO 在企业的经营管理活动中明确自己所扮演的角色。

面对我们这些已经是企业管理者的学生，哈佛商学院是如何因材施教的呢？那就是培养我们各方面的决策能力，而且要做到这些决策的自我认可。换句话说，哈佛就是培养我们成为更具有独立思考能力的管理人才，是让我们掌握成功经营企业的思路和方法，教育我们必须有一种能力，使自己能够站在一个高层次来把握和分析问题，能够面对复杂多变的情况，把重要的和不重要的事情区别开来。即使在缺少足够和必要信息的情况下，也能够做出正确与果断的判断和指示。

在哈佛我明白了要想成为一个成功的企业家必须完成的六项任务：建立工作环境；制定战略；分配资源；培养经理；组织业务，以及监督经营情况和计划执行情况。而哈佛如何让我们具备完成这六项任务的手段，还是靠案例分析。哈佛的案例主要是商业发展中的各种经济事件，它的范围非常广泛，随着教程内容涉及面的扩展，各种各样的案例都有，包括用人、广告、策划、营销、管理、预测……可以这么说，任何一个单位或企业只要可能出现的问题，在哈佛商学院案例中都会找到雷同的事件。

通过案例分析，哈佛教育我们思考自己作为一个企业的总指挥，应该具备怎样的品质、应该扮演怎样的角色，以及如何培养这些品质，怎样在不同情况下扮演不同的角色。可以说，哈佛商学院对我们的教育是对MBA课程的总结与升华，它促使我们由量变到质变。哈佛商学院讲授的是真正的“管理”，而不是“管理学”，它培养的不是知识型的专业人才，而是能力型的高级管理人才。

另外一点，我要着重强调的是哈佛商学院的开放和灵活，鼓励学生可以做自己感兴趣的事，其中很多是非常前沿的领域。当时的互联网热潮还没兴起，E-mail也只是计算机系学生实验室中的东西，但在哈佛商学院已经有不少于10个通讯俱乐部。当时的VC也只是萌芽阶段，全世界也不过只有几十个VC企业，但在哈佛商学院的VC俱乐部中已经有四百多个会员，这样的实践或许就是最好的学习机会。

那些棒呆了的哈佛同学

哈佛商学院是世界级的商学院，来这里学习深造的企业家，很多在他们自己的国家或者行业都是顶尖的人物，当真是有钱人中的精英。与他们一同在哈佛上课，近距离与他们接触，本身也是一种学习。

陈茂波是当时跟我在哈佛一块儿上课的同学，香港人。入学头半年，陈茂波给人的印象是一个温和、谦虚的人，从不说自己如何如何，我们都以为他就是香港的一个普通老板，猜测他的事业可能也做得不大，自然说不出什么道道来。

一次上课时，一位著名的金融学教授问了一道艰深的财务题，大家都答不上来。教授看大家都不发言，于是点陈茂波起来发言。陈茂波轻声缓语地把问题剖析得透彻无比，提出的解决方案精到而全面，那位教授听后，坦诚自己绝对答不了这么好。

一个不显山漏水的人，一出手就拿下一个所有人都觉得棘手的难题，真是挺酷的一件事，这种强烈的反差会让其他人对这个人倍加尊重。课后，大家都想了解陈茂波到底是谁，能让哈佛教授都叹服的人，那绝不是一般人。

原来陈茂波当时是香港注册会计师协会的会长，也就是说，他是香港无数财务总监、会计师们的领袖，如果不是特别优秀，是坐不到那个位子上去的。陈茂波后来当选为香港政府贸易发展局局长，这是香港政坛排名前十的重要职位，进一步证实了他的优秀。

我曾认真观察过陈茂波，满腹经纶、身怀绝技自不必说，课堂上小露一手，便技惊四座。让我更为感慨的是，他待人接物从容、有礼，把东方儒家文化那种宽厚、内敛精神真正灌注到灵魂深处，生活中举手投足之间，就会让人感受到一种舒服和深沉。

西方人喜欢以刚克刚，在竞争和对抗中，比的都是明码的胸大肌，甚至他们喜欢的体育明星，都是像詹姆斯那样的“皇帝”级球员。而陈茂波代表的东方式谦谦君子之风，则是把强大的实力用近乎谦卑的低调展现出来，追求自身与他人及周边环境的共生共荣，其实是一种充满了哲学思辨式的价值观。事实上，班上几十个国家的同学都高度赞赏陈茂波，觉得他的做人姿态和处事方式充分体现了对别人的尊重，因此最值得尊重。

在同窗读书期间，我跟陈茂波深聊过一次。聊天内容证实了我的判断，儒学文化对他影响很深，他认为《论语》是最高级的处世哲学，能培养出对社会充满责任感的真君子，这样的人才是贵族。陈茂波说，欧美传统意义的上流社会阶层，即那些富超五代的家族，虽没读过《论语》，却都是按照《论语》的精神来做人及教育孩子的。可见，东方文化其实是普适真理，目前在港台地区、日本、韩国，还能看到东方文化相对完整的传承，在大陆却沦丧得很厉害，是错莫大焉的一件事。

班上还有个菲律宾的女同学，30岁出头，是菲律宾一个华裔豪门的大小姐，或许是同根同源的关系，跟我比较聊得来。

关于她有三件事让我印象深刻，一是这姐们儿家真有钱，她家多大我不知道，只知道有三间屋子是专门用来给她放鞋的。她的鞋太多太多了，以至于她专门为她的鞋做了几大本厚厚的画册，以方便她挑选穿哪双出门。

二是菲律宾贫困人口多，治安差，绑架事件频发。她家为保平安，花钱从警察局雇了几名警察当保镖。我听了觉得不可思议，警察居然也可以花钱雇，那要打官司的话，雇个法官判案，那岂不无敌了？不过一方水土一种风气，菲律宾的警察局为创收，特供安保业务也无可厚非。

三是她家与李嘉诚等亚洲巨富家族关系非常密切，她约李泽钜出来吃饭，那是毫不费力的事。从这事上，我才知道亚洲的这些超富家族之间，彼此有着相当密切的关系，是一个紧密、坚实的利益体。由此我理解了中国那句古语：穷人因人而富，富人因脉而贵。像李嘉诚、霍英东这辈的富豪是穷小子因人而富，李嘉诚其实也不是白手起家，关键是他傍上了一个有钱的岳父；霍英东虽家贫，却读了个贵族学校，从而有机会开始创业。等到了他们的儿子辈，就是因脉而贵了，人脉、财脉四通八达，根深叶茂。

安东尼也来自菲律宾，是菲律宾的大企业家、大地产商，也是宝马菲律宾总代理。他旗下还有两个航空公司，一个客运，一个货运。在首都马尼拉仅在建的地产项目就有4个，苏比克湾由他来做整体开发。他的太太跟阿罗约是中学同学兼一生的闺蜜。阿罗约当上总统后，去他家做客，还会像以前一样，直接打开他太太的衣柜，挑到合适的衣服就直接拿走穿。他二儿子结婚，阿罗约是证婚人，还专门乘专机飞到一个小岛上去参加婚礼。

安东尼在哈佛是一个不起眼的老头，60岁了，皮肤被晒得很黑，但人家在菲律宾腕大面子大。安东尼跟我关系很好，一方面大约是由于我外向，善于与人交往；另一方面是安东尼很早就想在中国做生意，可惜一直没找到契机。

安东尼后来成为我一个重要的生意伙伴，我俩牵头成立的中菲商会，会聚了中国和菲律宾很多优秀的商人，旨在促进两国企业家之间的融通交流，以期利用商会这个平台，最终达成一些商业合作。菲中商会的20名菲律宾企业家总的年营业额能占到菲律宾GDP的60%，可见我们这个商会实力之强。

从安东尼和陈茂波身上，我发现一个规律，凡是真正有实力的人，似乎都是一个德行，说话做事低调、谦和，待人接物宽容、厚道；反倒是有些小企业家，活络外向，看上去咋咋呼呼的。套用自然界一个现象，狮子、老虎这样的猛兽都是静悄悄地靠近猎物，而猴子、小鸟这样的小角色，总爱鬼喊鬼叫。万事一理，要成就一番大事业，必须有大胸怀、大静气。

在安东尼的邀请下，我曾两次去过菲律宾。接待的档次极高，入住的是菲律宾最贵的香格里拉大酒店，每天出行前都会有安保人员做炸弹检测排查，很多时候都是直接坐安东尼的直升机出行。去一趟菲律宾，才知道真正的企业家是什么排场。

在哈佛认识的一个美国同学，他后来成为我武汉企业的合伙人。他是美国纯牌的上流社会人士，是美联储的董事，他们家族一直承接美国政府的铸币业务。通俗点儿说，从美国独立战争时期开始，美国的钢镚都是从他们家的工厂出炉的，他们家的工厂就是美国硬币制造厂。

他多次请我去他的别墅度周末，那幢别墅位于一片开阔的平原上，有森林与河流，平原上随处是野鹿和野兔。有天早上有几头健硕的野鹿用脑袋撞击窗玻璃，把我叫醒。那种身处童话世界般的梦幻感，很难用语言表述完整。

有个印度来的同学，是印度钢铁世家的“富二代”，来哈佛读了一个星期书，就退学了。他说，他从小家里就有40多个佣人在服务，而来了哈佛，每人住一个标准间，不让带佣人，他发现自己什么都不会干了，连穿衣服都穿得乱七八糟的，系个鞋带像捆个绑匪般费劲。

无奈之下，印度同学只好辍学，临行前，他对我说：“詹姆士，我真的不习惯没有40个佣人的生活，以后来印度找我吧。”我一直想有时间去印度看看这位大少爷在40位佣人簇拥下的生活，可惜一直没时间去，煞是遗憾。

我曾经私下里总结过这些哈佛老板班同学们的成功特质，发现有以下一些特点：一是他们的头脑富有远见和创造性，能将表面看起来不相关的事物汇成新颖的组合，及时发现潜在的市场；二是他们中的大多数人都好似一种十足现实主义和超级乐观主义的矛盾综合体；三是他们中很少有人来自所谓的特权背景，相反，他们中的大多数都是明显来自非特权家庭，甚至贫穷的环境；四是财富只不过是他们所作所为的附带品而已。他们真正想做的是去创造、去管理，并以一种难以抗拒的务实冲动将语言转化为行动，去让产品、服务和自己团队的人员得到成长。世界上毕竟只有极少数的富人，我们应该认真分析造成损失的可能性，泡沫成分的大小，考虑如何在合理的原则下使自己富有。

现在国内商学院的企业家班很火爆，一年的学费都是50万元人民币起，这是好事，人能在一把年纪的时候还有学习和向上的雄心，本身就值得鼓励。我要说的是，如果你英文不错，来哈佛商学院上课吧，那种收获是在国内上课没法比的。

美国的上流社会圈子和精英阶层

在哈佛上课，认识了不少美国的大老板，对美国的上流社会圈子和社会精英阶层也有了一定的认识。能进入美国上流社会圈子里的人必定是有钱人。但有钱人是否能够真正进入美国的“上流社会”则还要看他的钱是“旧钱”（Old Money，指经几代经营赚来的钱），还是“新钱”（New Money，指靠自我奋斗赚来的钱）。如果他手中的钱属于“新钱”，那么只能说是属于按经济实力划分的“上层阶级”，还算不上严格意义上的“上流社会”。处于经济“上层阶级”的人是否能使自己成为“上流社会”的一分子，“新钱”自然无法变“旧钱”，归根到底是要看“上流社会”的人是否接纳你，而接纳你的条件自然是你除了有钱，从内到外跟他们是一路人。

来自美国上流社会的人，除了在言谈、举止、穿戴、休闲方式、居住地域、个人价值观等方面与普通人不同之外，还应拥有一些被社会公认的共同“背景”。比如上流社会的子弟一般在少年时都会进入有名望的私立寄宿学校接受教育。这些有名望的私立寄宿学校（又称“私校”）大多位于美国东北部、新英格兰地区，其中多数又属于美国主教派教会（又称“基督教圣公会教派”）办的教会学校。

在纽约的上东区街道上，你能见到由家庭教师陪伴的穿着洁净校服的学童去私校上学。当年，小肯尼迪就读的私校就是位于东八十九街的圣·戴维中学，这是一座建于1919年的乔治亚式古典建筑。上流社会的子弟在完成这些学校的预科学习后，直接进入普林斯顿、耶鲁、哈佛等常春藤名校。

随着“朝阳工业”的兴起、“夕阳工业”的没落，南部阳光地带（石油产业）和中西部高科技产业（航空航天产业和信息产业）的“新钱”不断地向东北部地区的“旧钱”挑战。伴随着金钱产出方向的改变，南部和中西部地区也开始学习东部地区，相继建立了一些私校。

在美国社会中，个人的社会关系网络早在中学时代就已经开始建立起来。在私校中，出自同一家庭背景的学生及他们共同接受的教育已经让他们结成了“神圣同盟”。可见在这个世界上，规则是象征性的，潜规则是决定性的，不管哪个国家，概莫能外。

再说说美国的社会精英阶层，美国的“社会精英”有三种：政治精英、经济精英和技术精英。一个人能否成为“社会精英”可以与家庭背景有关系，但更多的还是靠自我奋斗及接受完美的教育而成为某一领域的佼佼者。

有人曾经考察美国的《社会名人录》，发现美国大公司的董事多数出自上流社会，而美国的政治家、高级军事将领、宗教领导人则更多地出自中产阶级家庭。这些人是通过自己的努力或接受完美的教育而成为“社会精英”的。

还有一个有意思的现象，美国政府的决策集团及中央情报局、司法部门，大多从社会的上层阶级中吸收高级决策人员。许多上流社会的家庭成员还直接参与政治竞选，如肯尼迪家族和洛克菲勒家族。

那么，美国的上流社会圈子和社会精英阶层是如何看待财富的呢？通过个人奋斗取得财富是美国式的神话，这种社会风尚从根本上体现了在美国占统治地位的宗教——新教的道德伦理观。

回顾历史，乘着“五月花”号轮船最早来到新英格兰地区的欧洲移民就是那些躲避欧洲宗教迫害的清教徒。清教类似加尔文的新教，把财富的积累看作上帝恩宠的表现。美国新英格兰地区最早发迹的商人和制造业主几乎无一例外都是清教徒。如美国垄断财阀保罗·梅隆的祖父托马斯·梅隆从小就接受了清教徒的伦理观——“赚钱乃是上帝的旨意”。他在拜访了一位富有的实业家后就立志要与这些阔佬“平起平坐”，这成为他一生的奋斗目标。

在美国，赚钱是一种美德，赚了钱后究竟该干些什么事情？《圣经》中有一段记载，耶稣曾对他的门徒说：富人想进天堂比骆驼穿过针眼还难。换言之，富人进天堂的前提条件必须是散尽钱财。这与美国上流社会的一些人热衷于慈善事业是有关联的。另外，美国的新教还有一个说法，就是富人只是上帝的管家，不管有多少钱，都是属于主人（上帝）的，富人不过是暂时帮上帝管理着。富人一旦逝去，这些钱就要回馈社会。

美国钢铁大王安德鲁·卡内基起步时一无所有，去世时总共捐献了3.5亿美元。美国铁路大王范德·比尔特也是试图通过对艺术的捐献来摆脱自己出身贫穷的阴影。当今世界首富比尔·盖茨与夫人一起创建了比尔和梅琳达基金会，该基金会每年的捐款金额超过了10亿美元，用于资助医疗、保健事业。

在欧洲，有贵族封号的人不仅意味着他的血统纯正，还意味着他的举止、教养、风度，甚至道德方面都为人楷模（当然历朝历代的贵族阶层都有丑闻缠身也是不争的事实）。同样，在美国一个人有可能在一夜之间暴富，但他绝不可能一夜之间迈入受人尊敬者的行列。要赢得世人的尊重、要得到社会的承认还需要练“内功”。卡内基音乐厅、杜克大学、福特基金会等名字似乎都在提醒人们注意，现在处在美国上流社会的人士在巧取豪夺的同时，还有事业成功后回馈社会的另一面。

美国精英阶层普遍的一个好习惯便是合理安排时间。和一个美国企业家谈语言学习的事，他说当年在纽约上过一个古希腊语虐习班，每天实打实上课8小时，其他的时间，除了睡觉吃饭，全部用于写各种作业练习，大概也要花上6小时。每天一小考，每周一大考，每天学习到深夜两三点，如此坚持了10个星期，学了大约相当于两年的课程。语言班很多，没有最疯狂，只有更疯狂，报这个班的必定是强悍的人，否则神经必然崩溃。在高强度的学习里，他锻炼身体没有间断。我问他是如何做到的。他斩钉截铁地说：“我每天都跑步，十多年不断，再忙也跑步，这是我生命的一部分！压力大的情况下，尤其要约束自己的行为，你要考虑放纵的后果。对于必将会后悔的事情，现在就不要做。比如吃饭，我不吃垃圾食品，不吃比萨。因为If I eat pizza，I cannot run! 现在我就是再忙，也自己做饭，保证合理的饮食和健康的习惯。”有运动习惯的人就是这样，你不是有意识地下指令，而是顺应身体的需要。让你的意志跟着身体走，而不是身体勉强服从于意志！为了不让生活起冲突，你必须安排好时间！在我看来，这样的人才是内心强大的贵族。

毋庸置疑，美国的上流社会和精英阶层都是富豪，但我发现这些美国富豪们娶的老婆普遍相貌平平。通过多年的观察，我可以负责地说，美国富豪的老婆大多不漂亮是真理般的规律。在美国，美女要想嫁入豪门，比靠自己奋斗当富豪都难，这是为何？

放心，绝对不是因为美国富豪审美畸形，富豪也是普通人，不会说钱包鼓了，眼神就瘸了。富豪既然能成为富豪，如果财富不是从上辈人手里传下来的，那在一定程度上能证明此人智商不错，情商也不错，财商就更出众了。因此，他们对于婚姻做出的选择往往是科学的，甚至可以称之为圣明。

美国的富豪往往把性爱、情爱和婚姻进行清晰的划分。婚姻是慎重的长线投资，进行这项投资的重点在于满足个人的心理需要，出于此种投资考虑，对妻子的选择自然会以贤惠和智慧为重，毕竟贤惠和智慧是会随着时间不断增值的财富。将婚姻投资给这样的配偶，相当超值。遗憾的是，既贤惠又智慧的女子不见得那么美丽，这便造成了富豪的老婆普遍长相普通的局面。

至于美色，在美国富豪看来，统统是不断贬值的短线投资。美貌是最容易随时间贬值的东西，而精明的富豪绝对不会为贬值的东西投大钱，更不会长期持有。JP摩根银行的投资顾问罗波·坎贝尔先生在他的博客上表达了类似的意思：“用华尔街的术语讲，每笔交易都有一个仓位，跟美女交往属于‘交易仓位’（Trading Position），一旦价值下跌就要立即抛售，而不宜长期持有——也就是美女想要的婚姻。”

美国的有钱人有着固定的圈子和阶层文化，价值观和思考模式自然也会趋同，一些积极、向上、充满责任感的道德准则，自然容易被富人们广泛认同，并付诸实施，最明显的例子就是慈善。试想，一个美国富豪如果不热心于公益，那意味着他将被踢出上流社会和精英阶层，失去社会地位，谁会愿意被孤立呢？反观中国的富豪，并没有形成稳定、具有统治力的上流社会，只是为了利益而结盟，缺少组织对其的约束力，因此容易做出一些失德、失仪的事。

向犹太人学金融

有一个流传甚广的犹太人的故事是这样的：说有一个亿万富翁（犹太人），全家要出去度假一周。在出去前，他去银行贷款5000美元。银行的业务员问他准备拿什么做抵押。他说他有一辆劳斯莱斯，不知行否，“劳斯莱斯？当然行啦！”那个业务员脱口而出。

亿万富翁那么有钱，为何还要借5000美元呢？原来当时贷款的短期利率是每年18%，5000美元借一周只有不到20美元的利息。而如果将劳斯莱斯交给保险公司的话，一周至少要付50美元。他借5000美元，不就等于只花了20美元的保费吗？而银行的车库比一般保险公司的车库还保险呢。

从这个小故事中，我们可以知道犹太人的精明。华尔街的大脑就是犹太人。华尔街80%以上的投资产品是犹太人发明的，要论财商，谁都比不了他们。你想真正明白金融的本质，就要拜犹太人为师。

从1997年到2000年，媒体也紧跟着华尔街天天“吹”大互联网泡沫，新闻报道连篇累牍登载某某公司的清洁工，因为公司发不出工资来，用干股顶了一段日子的薪金，结果公司上市，清洁工一夜之间成了百万富翁。

那时候，人们见面问得最多的一句话就是：“你的公司上市了吗？”那么什么叫期权呢？就是公司给你一个权力，在公司上市之后过一段日子，能以某个价格，购买自己公司一定数目股票的权力。P/E（Price/Earning，每股的股价和利润之比，一般翻译成“本益比”或“市盈率”）又是什么呢？当时，这些神奇的字眼，让我也心潮澎湃，迫切想在商学院多学一些关于金融和投资的知识。

在哈佛商学院，一位犹太裔的教授给我们讲投资课，着实让我摸到了投资和金融的一些原则性门道。他是华尔街的一位传奇人物，2002年股市最低迷的时候，他搞了个对冲基金，创下了每年40%回报的纪录。

教授说，犹太人擅长于将非常简单的东西复杂化，故意把本来用75%的加减法，加上24%的乘除法，外带1%的积分微分便能说清楚的事情，刻意地加以包装。金融归根到底是一种Supply（供）和Demand（求）的关系。任何东西的价格都是由它们而定，供为分母，求为分子。你一定知道华尔街就是依靠交易量而存在的。那怎样才能产生和增加交易量呢？

华尔街的“供”是什么，是各种股票和债券。而人的本性是贪婪的，金融高手就是要设法将他们的贪婪转化为需求。于是，你时常会听到些令人垂涎欲滴的好消息，比如哪支股票一年涨了多少多少啦，哪个行业有大大的利好啦，诸如此类的消息多如牛毛。这样一来，“求”自然就会增大，在“供”不变的情况下，股市不就上升了吗？而一直上升也不行呀，上升得太高，只有买没有卖了，量不就下来了吗？“幸好”人类还有胆怯的一面，一旦利好出尽，跟着自然就是利空，大伙儿一怕，“求”不就下降了吗？求和供之比下降，股市就会下跌。

关于大家关心的房地产投资，犹太教授是这样讲的：日本是一个岛国，而且平原少，人口密度全世界第一。日本的经济在20世纪70年代开始腾飞，房价和股市同步一日三蹿。到80年代末的时候，整个日本的房地产总值，超过美国房地产的总值加上股市的总值。那时的人们都说日本房价不会跌，日本政府更是鼓励银行放贷，全力地支撑着。可他们忘了那个支撑物价的基本规律：供求关系。即那个需求必须是有效的。什么是有效的呢？就是人们要负担得起，才是有效的需求。我当时就预测日本房价撑不了多久，结果，90年代初开始崩盘，不到两年，很多地方便跌回到70年代初。记住，没有一棵树能够永远朝上长（“There is no tree can grow forever”）。

房地产是商品，对吧？它既然是商品，就一定会符合商品的价值规律。你知道，在衡量一支股票的价格高低、有无泡沫时，我们通常用的是P/E值（Price to Earning，市盈率），也就是价格和利润之比。比如通用电气公司，目前每股在40美元上下，每股每年的所得为4美元左右，其P/E值在10左右，属于合理价位。如果P/E值超过15，就是高估了，有泡沫之嫌。当然在各股的具体分析时，还要看那个公司是成长型还是成熟型等。

同样，看一个地区的房价有没有泡沫，首先可以看房价和收入之比，也就是当地的平均房价和当地居民的平均收入之比，参考位置地点，一般在3—5之间属于合理，而超过6就算离谱了。还有一个房价与租金之比更为准确，一般在10—15之间属于合理范围。比如我当时居住的森林小丘，一套二居室的公寓平均价格在20万美元左右，而每年的租金在16000美元上下，房价与租金之比是12左右，还不算离谱。注意一下香港，我有个朋友在那儿，他租了一套市价为500万港币的房子，每年只付十五六万，房价与租金之比超过30了，我看那儿的房价是严重被高估了！

现在华尔街的游戏越玩越复杂，每年都有大量的新花样出来，要成为“街上高手”，必须不断地花精力、财力投资自己的大脑。当今社会什么都是商品，你要把自己也当作商品，想使自己成为最有价值的商品，就要不断地增加对你的“求”。投资不单是有形的金钱投资，更重要的是对大脑的投资。

教授关于人是商品的概念，让我深深认同。一个人在商业社会生存发展，就是一个从产品向商品转化的过程。产品是爹娘给你的身体和生命，但如何变得对社会有用，如何成为一件有使用价值的“商品”，甚至是“奢侈品”，确实需要不断地学习，这也是我来哈佛学习的目的。

在没来哈佛商学院之前，我不懂期货是什么，来了之后，是彻底弄明白了。“期货”是买卖双方在期货市场上签订的一种契约合同。这种合同定时、定量、定价买（Long）卖（Short）某种货品，包括各种债券、外汇及具体某种实物等。比如，有个农场主每年收获100吨玉米，正常情况下，应该能卖到1000元一吨。他生怕那年玉米因丰收而跌价，就卖了一个100吨，每吨1000元的玉米期货。要是那年玉米真的跌了，他的玉米当然没卖到好价钱，但他投玉米期货就赚了，正好弥补亏损。这个农场主所做的是Hedge（对冲）。而和他签订期货合同的买方，要是那年玉米的价格超过每吨1000元就赚了，而跌到1000元以下就亏了，就像在赌场里下注赌“大小”一样，也就是“冒险投机”了。

“期货”的保证金比一般股票“麻筋”比例更低，只需总价的5%—10%。我提到过“麻筋”有杠杆作用，期货本身也有杠杆作用，“麻筋”加上期货，真是杠杆的杠杆，获利与风险比例均比股票高。但买卖“期货者”获利或亏损的幅度，可以是本金的数十乃至数千倍！

在期货市场上，做投资和做投机的双方看得最为明显，一方的目的是对冲他的收益，而另一方则是赌他的运气。这两方就像是一对“欢喜冤家”，少了任何一方这出戏就唱不起来了。有个华尔街的大腕说过：“我在做几千元的小交易时，人们叫我投机者；而等到我投十个亿进入一个大项目时，人们则都称我为银行家了。”真可谓：“胜者为王，败者为寇！”

期权和期货，和投资股市有所不同。期货市场是一种Zero-sum Game（零和的游戏），就像四个人打麻将，有人赢必定有人输，即同一段时间内所有赢家赚的钱和所有输家赔的钱相等。期货市场只是经济价值的再分配，而不会创造新的经济价值。投入股市的钱则又不同了，股票透过商业机构的营运业务增长，可以创造新的经济价值，若经济环境稳定，大部分股民靠长期投资都可以同时赚钱。做期货有时来钱快，但风险比股市高太多了，所谓“成也萧何，败也萧何”。

好莱坞电影《华尔街》，电影里葛登·杰奎（Gordon Gekko）有一句经典台词，道出了华尔街玩家们的真谛：钱这样东西没有减少也没有增加，只是从这个人的腰包转到了另一个人的腰包而已。

教授还谈到了钱的“Time Value”，即所谓钱的“时间价值”。举个例子，在100年前的纽约，坐一次地铁只需5分钱，买个热狗呢，3分钱。而现在，坐一次地铁要2美元，买个热狗至少也要2美元。可见，同等数目的钱随着时间的推移而在不断地贬值。教那门课的老师亚瑟说过的一句话令人印象深刻：“投资不一定会赚，但你要是不投资，肯定亏！”为什么呢？因为不投资的话，你放在家里的钱随着通货膨胀肯定会渐渐地贬值。

犹太教授让我们看了一份报告，报告统计了美国前80年各种投资工具的回报率。在这80年中，美国有过多次的股市狂飙、多次的房地产高涨的美景；也经历过经济大萧条，经历了“9·11”，经历了几次股市大崩盘，经历了房地产泡沫的破灭。上上下下几多沉浮，这份总结性的统计报告应该非常能说明问题的。

因为在美国，几乎每家银行都是FDIC（Federal Deposit Insurance Corporation，联邦保险公司）的成员，所有的存款账户都有FDIC保险，即使你存钱的银行倒闭，每一个10万美元以下账户的钱，都将由联邦保险公司支付偿还给客户，完全可以高枕无忧。

按这个统计报告，如果你在1925年有1000美元，要是放在银行里，到2000年会“变”成1万，这80年来的平均年利息是3%左右。听上去不错吧，涨了10倍。但不幸的是，这80年的平均通货膨胀率是，在2000年要1.5万多美元才能抵得上1925年的1000美元。也就是说，将钱存银行的结果是亏了不少。看来要保值增值的话，将钱放在银行的普通账户里是不行的。

其次是政府债券，如果1925年投入1000美元买政府债券，到2000年就会增值至7万多美元；再接着是房地产，1925年市值1000美元的房产，到了2000年就会值10万美元左右，平均增值率是每年6%。投资房地产和政府债券差不多，增值率可以超过通货膨胀。

接着再来看看投资股票的回报率。每个不同阶段选一百家有代表性的Large Cap（大公司）的股票平均值，假如1925年投入1000美元的话，到2000年的市值是200万美元，平均年回报率为10%；而最高的是投入不同阶段的一千家Small Cap（小公司）的股票，每年平均的回报率是14%，到2000年值3500万美元！

假设每年投资的回报率是20%，本金10万元，如果按照普通利息来计算，每年回报只有2万元，10年后连本带息涨到30万元，整体财富增长只是两倍；但按照复息方法来计算，亦即10万元的本金，10年后会变成62万元，比30万元多了一倍还多！

随着时间的增长，复息效应引发的倍数增长会越来越显著。若仍以每年20% 回报计算，10年复息会令本金增加，但20年则增长，30年的累积倍数则达数倍。若本金是10万元，30年后就会变成2374万元之多。

1626年，美国的土著印第安人以24美元的价格出售了今日曼哈顿的土地。听上去太贱卖了吧，现在24美元连吃顿像样的晚餐都不够。假设当初土著人将24美元放进银行，按每半年6% 的复利记息的话，到2006年，他们将可获得1000多亿美元，比目前曼哈顿五条大街的房地产的总市值还要高！这就是所谓复利效应的“神奇”了，真可以和爱因斯坦的“相对论”相媲美。

虽然股票交易所只是个二手货的市场，股票的价值并不反映公司生意的现状或历史，而是对公司未来挣钱能力的数值估计。在美国来看，投资股市是可以让资产增值的一种可靠方式，但在中国股市上，情况就可能完全不同了。

学习印度人的团队精神

在哈佛商学院，一个关于印度人团队精神的学习案例对我很有触动，这个案例研究了印度人在美国IT行业立足的前世今生。

Y2K（千年虫）的到来让许多美国公司感到措手不及，因为在这样短的时间内，要美国人自己来解决问题的话，成本太高，于是印度人便得到机会，帮美国解决了千年虫的问题。

有了做这个专案的履历，印度公司在美国IT行业打响了名头。千禧年过后，印度IT公司用低价策略杀入美国市场，紧接着外包兴起，促进了印度大型IT公司的发展。印度有些软件公司，单编写程序的工程师就超过5万人，而中国的软件公司，大概还没有一家总员工数超过5000人的。

那么为什么印度人能在美国这个IT强国抓住机会？很重要的一个原因，便是他们的团队精神。正像有句名言所说：没有完美的个人，但有配备完美的团队。强大的团队精神可以造就完美的团队，而完美的团队可以使一家企业立于不败之地，也甚至可以让一个国家赢得世界的尊重。在美国人看来，印度人像犹太人一样，有着坚不可摧的团队精神。

印度软件公司善于利用传、帮、带，实施的是兵团作战的策略。在美国的印度技术人员，会将本族裔一些技术和经验不怎么样的同胞引入技术工作岗位，通常是一个业务高手先把活儿承揽下来，然后再招聘两个新手；高手分配活计给新手做，新手一两年后出头；然后，他们出去再带新人，逐渐把其他族裔的员工逐一排挤出这个行业。

很多华人在美国找工作去面试时，只要见到印度人，大抵在心理上就会放弃，因为印度人会尽一切可能留住这个位置安顿自己的同胞。印度人在美国公司一旦当上经理，有雇人的权力后，用不了多久，他的下级便全是印度人了。华尔街公司的每个房间里几乎都有印度人，有的公司食堂里居然还提供印度餐，因为印度员工实在是太多了。印度人中有一个说法：一个印度人做了头儿，第二年他手下全是印度人；而一个中国人当了头儿，第二年他周围就剩他自己了。对于这个说法，我虽然听了很郁闷，但不得不承认这是事实。

印度人不仅人与人之间有团结的精神，而且印度公司与公司之间，也有协同作战、攻坚克难的意识。印度大的电脑软件公司会像头狼一样先在美国闯出名堂，然后再与很多小的印度公司联手，将美国的业务带回印度去做，然后再派人员来美国做维护工作。许多印度工程师是通过工作签证来到美国的，据统计，他们得到的签证名额，占整个美国工作签证人数的60%以上。印度公司帮助本国人来到美国，利用美国公司来训练印度的信息技术人才，经过训练的人一回国便成了高手，在印度本土就可以带领一班人马，形成一个良性的循环。

从2000年开始，我便有意识地关注印度企业。其中一家印度大公司叫“资讯系统技术公司”（Infosys Technologies Ltd.，华尔街交易符号：INFY）。到2007年的时候，员工接近8万人，当时的年营业收入超过35亿美元，市值300亿美元。这家公司在印度，有自己开办的技术大学，训练学生简直像军营。组织纪律严明，各系之间分行业、分各类技术，十分壮观！

成规模、成建制的高素质技术队伍，恐怕正是很多中国企业所欠缺的，也造成我们无法像印度那样成为美国技术信息服务外包最大的供应国。当然这样的印度公司能够高速发展，与印度政府财税政策上的支持、对知识产权保护的力度，以及语言优势也有相当重要的关系。

反观在美国闯荡的中国人，大多都是单打独斗型的。这些人里头，很多是美国一流院校毕业的硕士、博士，属于高素质、高技术人才，但他们普遍的发展观却是不断补强自己的技术，把本职工作做得足够惊喜，但并不图谋获得一个行政岗位。他们觉得，自己英文不如人家老美好，只要技术级别能够不断提升，就能保证自己在人才市场找份好工作，那就足够了。至于走上管理岗位，提携更多的华人后辈，能这么想的人都是凤毛麟角，更别提这么做了。

其实不管在哪个国家，只要在地球上，凭本事吃饭的观念并非通行无阻，空有一肚子真本事，可供展现“功夫”的舞台被别人抢了，你一样白费劲。印度人大举进军美国信息技术产业时，中国的信息技术精英们已经被赶出这个行业了，而且是在不知不觉、毫无防备中。这就是失去平台的下场，学历、能力都会遭到严重贬值。

在纽约，尤其是在华尔街这样的地方，清华、北大、中科大的高才生比比皆是。他们个顶个的都是独立人格意识特别强，脑子反应快，做事的速度也极快，精确完美无可挑剔，很多都成长为公司的技术骨干。他们这样的人才，都喜欢靠自己的本事吃饭，不是太抱团，跟上司的关系也疏远。跟人家印度人就没法比，印度人抱团、心齐，甚至跳槽都是一块儿跳，那种威慑力比形单影只的华人厉害太多了。

华尔街的秘密就是变态心理学

在哈佛商学院上课，华尔街是逃不开的一课。虽然学完之后还是没法成为炒股行家，但对华尔街的精髓算是看明白了。教授讲，华尔街本身就是靠着贪婪而存在的。从另一个角度上来说，不违法的贪婪正是华尔街的精神所在。也就是说，华尔街的精髓就是人性的贪婪，因为人性是千年不变的。

在证券分析课上，教授讲了牛顿炒股的故事。有一天，假如你的股票经纪人推荐你买一支股票。你问他，这家公司做什么的？他告诉你，他也不知道这家公司做的是什么生意，只是保证能赚钱。你会觉得这听上去像是诈骗。但300年前的英国，最好卖的股票都是让大众摸不着头脑的生意。

1711年，南海公司成立，号称是要帮助政府筹集因战争欠下的巨额债款，作为回报，英国政府授予南海公司垄断权力。公众坚信这种垄断特权，能创造巨大财富。南海公司的董事们为配合公众的信任，将办公室装修得极尽奢华，购置豪宅恨不得加价以显示自己阔气。其实，南海公司的主营业务是贩卖黑奴，可黑奴的高死亡率使买卖获利甚微。

1719年，英国与西班牙战争即将结束的消息，使公众相信南海交易能在持续和平中得利。南海公司的董事们也抓住机会，在全国发行了3100万英镑的股票，股价迅速从130英镑跃升至300英镑。有的散户拿到股权根本不用付钱，只需简单地将手头拥有的股票再卖给南海公司，股价每分钟都见涨。

到了1720年4月，南海公司新发行了300英镑一股的股票，可以先付60英镑，分八次付清。连英国国王都无法拒绝这样的诱惑，预购了10万英镑的股票。几天之内，股价升至340英镑。

为了满足公众的需求，南海公司又新发行了400英镑一股的股票。这次人们真的疯狂了，股价一个月之内升到了550英镑。6月份又接着发行新股，付款方式更简单，只需预付10%的头款，剩余的未付款在一年内付清。股价飞升至800英镑，最终飙升到1000英镑。

谁不爱钱？而且连英国国王都炒股，牛顿自然地从一开始就参与其中。没多久就赚了一大笔。牛顿多聪明、多会算一人啊，他经过缜密思考，觉得南海股票在340英镑时就已经超值了，怎么算南海公司都赚不到这么多呀，于是他见好就收了。可牛顿的理智被疯狂的股价击败了，南海股票依然疯涨。几番犹豫，待涨到800英镑时，牛顿再也坐不住了，再次购买了大量南海股票。

他这次却被套了，南海泡沫在1000英镑时瞬间破灭，价格一直狂跌，跌到根本没人接盘，就差白送了。被套牢的牛顿赔掉了2

万英镑，相当于现在的760万英镑，折合成人民币超过1个亿元！事后牛顿沮丧地说："I can exactly calculate the motions of heaven bodies, but the madness of people."（"我能准确地计算天体的运行，但无法计算人们的疯狂。"）

教授总结说，贪婪的风险和市场的秘密是华尔街精神的具体体现，是有道理的。从牛顿炒股的故事中我们看出，心理因素的影响大大地超越了实际的因素。心理作用之所以能对股票有如此强烈的影响，是因为买卖股票者不可能视钱为身外之物，得失心一重，导致判断失误。都知道"Buy Low Sell High"（低买高卖），但身在其中，谁能这么冷静呢。决定股市涨跌的因素太多太复杂了，要想真正从股市上赚到钱，最可靠的办法是用基础分析法做长线。

教授觉得股市没有秘诀，市场的情绪不但影响着股票的价格，还和企业的财富密切关联。如果不去研究背后起驱动作用的心理因素，就不能识别出隐藏在虚假繁荣背后的危机并做出正确的判断。人的本性中充满了不确定性，要想在金融市场上成功，更多靠的是一种艺术而并非精密的科学计算：如果投资是一门艺术的话，那么它就能被掌握。熟能生巧，不断在金融市场上实践，你才能发现自身的弱点，从而避免犯同样的错误。如果你想跟踪一支股票，最好只持有较少的股份。当然，很多时候新手比专家在股市上表现得更好。

白宫中东特使的秘密演讲

美国驻伊拉克前特使是与萨达姆打交道时间最长的美国人，也是公认的美国最了解萨达姆的美国人。在美国发动伊拉克战争的前两个月，有同学利用私人关系把他请到哈佛商学院给我们讲课。

特使看上去非常疲惫，他想坐着讲，发现讲台边没有椅子，只有一张讲桌，于是干脆面对着我们，一屁股坐到讲桌上，开始了他称之为秘密演讲的演讲。特使最先讲的也是我们当时最关心的问题，就是美国到底会不会进攻伊拉克。特使很坦白地告诉我们，这场战争一定会打。

理由，首先萨达姆是个独裁者，耳朵里容不得异见，长此以往，造成最可怕的后果便是，萨达姆身边没有敢讲真话的人，都拣好听的、萨达姆愿意听的话说。因此，萨达姆满耳朵听的都是乐观的话、光明的话、奉承的话，这些话当时听着舒坦，其实都是忽悠话。乐观的信息接收多了，萨达姆错误地以为小布什不会打他，觉得美国政府没勇气将士兵尸体运回国内。其实小布什是个牛犊子性格，见了红布就尥蹶子猛冲，绝对不管不顾。当一个做出错误预判的总统遇上一个敢于做愣头青事儿的总统，战争就变得无可避免。

特使果断预测了两个月战争开打之后，开始讲美国人的思维模式。他承认，美国人习惯于先验地从自己的方式中获得“正常”的观念，并不自觉地作为其判断是非的标准。结果便是把自己放在“正常”位置上的同时，把别人放在“异常”的位置上，于是“天经地义”的东西变成了“唯一正确”的事情了。

特使最后讲了一个笑话，前两天野餐，朋友和他谈起这个问题。那个朋友问他，在美国历史上，有没有一个时期，人们具有绝对的“对错”意识。他先是不假思索地说：“没有。”想了想后，说：“有，在清教徒时期。除此之外的很多时期，美国都认为自己唯一正确，这显然是不对的。”

在哈佛经常会有这样的高人大腕来做演讲，其中很多人的演讲内容都堪称硬通货，让人受益匪浅。

只有“待售”永垂不朽

在哈佛商学院上课，门槛高、学费贵，但真的开了眼界，长了见识，通了人脉，学到了东西。相比哈佛响亮的牌子和所谓的世界级的高端人脉，我还是觉得学到东西最有价值。

在哈佛这样的名校读过书，总会有种强大的归属感，这种归属感固然与名校的历史与气场有关，但同样离不开校方对校友们的经营与维护。事实上，我认为哈佛对毕业校友们的经营本身就是一堂课，用三个词来概括：专业、贴心、细致。

比如，每个哈佛校友都有一个终身邮箱。别小看这个邮箱，校方会定期给邮箱发送讲座、聚会、活动的信息，通过这个邮箱，以及这些信息，将你和哈佛永远联系在一起。

哈佛商学院图书馆楼下的商店，连书签都是皮革材质，书签的穗子也是皮条，更柔软有韧性。两枚书签的图案都是以哈佛商学院院徽为核心的圆形图案，是用机器冲轧形成。图案外圈的文字是 Harvard Business School。图案当中的部分是哈佛商学院的盾牌形徽章。徽章上方的红色长方形中展示了三本翻开的书，书中的文字分别是 VE、RI、DAS，合起来就是 Veridas，这是用拉丁文写的哈佛校训“真理”。这些精致的小东西统统是哈佛凝聚力的体现，也为哈佛每年都从校友那里募集大量的善款。

终身邮箱、小工艺品只是小 Case，哈佛还会组织大量的同学聚会，这种同学聚会的种类会分得很细，有同班或同级的同学会；还有从事相同行业或工作的跨年级同学会；哈佛举办这些同学会活动是为校友创造机会和价值，让同学这种最稳固的人脉激发出最大的活力。

在哈佛商学院的学生中，很多都在国际商业里有很出色的表现。在哈佛商学院校友会中的中国人，包括众多政商界显赫人物，在国内私募基金和风投中有不少领导人毕业于哈佛商学院。这些人互相之间关系都比较密切，这得益于哈佛商学院的校友网络维护非常好，毕业这么多年，大家从没有感觉离开了学校。

相比之下，在把建立人际网络看成第一任务的国内商学院中，网络维护往往不能如此细致。学生想建立网络，有功利目的，这没问题，但作为一个教育机构，你在交付这种价值时，还要有更重要的使命。中国的商学院还应该提供尖端的研究成就，以及高品质的教学。国内还有部分商学院用名誉去换钱，现在各种建立关系网络为目的的课程比比皆是，从长远看，真是极大的失败。

哈佛对校友的管理给了我很多启发，让我对如何管理客户有了全新的思路。我重新搭建了客户管理的模式与体系，并将如何帮助客户实现更深远的价值，作为我客户管理的核心价值。我同样试图通过网络或聚会，搭建一个客户应用平台，让客户可以通过我搭建的平台，有更多业务发展触角。

哈佛有一个案例是讲星巴克的，其中讲到星巴克开店的核心要素，既非地段也非人流，而是选到一个优秀的店长。这个店长的亲和力要足以覆盖方圆5公里范围内的熟客，并且有相当的忠诚度，能够让门店的熟客对星巴克和店长形成一种独特的、熟稔的消费感受。

在星巴克的管理链条上，店长处于整个零售系统管理链条的中间，并且由于区经理和区域经理并没有独立的管理团队，也没有经理助理，中间环节被大大压缩了，避免了官僚主义。同时除了新开辟市场的店长外，绝大部分店长都从店服提升，区经理从店长提升，区域经理又从优秀的区经理提升，管理阶层之间有共同经历，能够积极地沟通。另外，星巴克提倡仆人式的领导，要求管理者对伙伴态度和蔼可亲，能够支持和体验他们的工作，和伙伴保持畅通的沟通。如果该管理者不是实践“仆人式领导”，而是“命令式领导”，其他的伙伴可以向区经理或者区域经理反馈。

星巴克一直强调其企业是基于关系的，因此以店长为核心，展开其360度的关系网络，以了解星巴克的价值观、文化、制度、产品品质、服务标准是如何从西雅图一路延伸到门店，最终通过吧员传递给顾客的。这个路径同样可以用在俄罗斯、南美或者西亚某一家门店。

星巴克的店长制度让我认识到一个企业家可以同时做很多个

项目，但这些个项目成功的关键并非是利润率，而是有一个好的职业经理人，他可以撑得起这个项目。星巴克的这个启发让我在多种产业领域齐头并进而心中有数，就是因为我提前选定了优秀的经理人。

哈佛传授知识的态度是深刻的、犀利的。教授坦率地说，要成为真正的商人，就要做到爱市场、爱利润，但不要爱公司。商人做项目、开公司只是过程，追逐利润才是唯一重要的目标。基于此，不论你在一个项目或一个公司上，投入了多少的心力或多大的智慧，只要价格能达到最高点，那就卖掉它，因为你不卖掉它，你可能永远想不到它值多少钱，什么时候才是它价值的最高点。如果你对项目价值的峰值缺少判断，有可能错过最佳的出手时机，那意味着你可能白白辛苦好几年，挣到手的钱还不如三年前卖掉挣得多。

这个原则我深深认同，在商言商，就是求利润的，产品也好，项目也罢，都可以处于“待售”状态。只有处于“待售”状态，你才能准确判断持有东西的真实价格，并从价格波动中掌握利润的峰值。

按照这项原则，我把自己在纽泽西的一处房产，在搬进去住的第二天，就挂出了“For Sale”（出售）的牌子，而且喊出一个天价，挂到了房产公司的信息库里。我其实并没有短期内出售那处地产的打算，我只是觉得这处地产有相当的独特性，比如临近9号公路，周边没有待售地产等利好因素，而我无法评估这种独特性，那么我就标一个天价，看看是否有人愿意花大价钱为这种独特性埋单。

结果相当理想，真的有人愿意为我房子的独特性花天价，这种独特性对于他相当重要。我想如果我第二天不把“出售”的牌子挂出去，我永远不会知道它竟然值这么多钱。

如有闲时间和大笔闲钱，争取来读读哈佛商学院吧，绝对是超值的选择，这是我的求学心得。

超级人脉靠的都是小细节

之前讲过哈佛同学安东尼是我的贵人，他集结了菲律宾最有实力的企业家，和我一道筹建了中菲商会，为中菲两国的商人去对方国家投资创造了极大的便利。

基于中菲商会在两国之间独特而重要的影响力，阿基诺总统访华时，特意安排时间在钓鱼台18号楼接见了我领衔的中国企业家代表团，坦率地讲，这个代表团成员其实就是我的一帮哥们儿。

钓鱼台18号楼是访华首相官邸，安保措施和服务接待都是一级的，你一进去就能感受到别样庄严的气场，到底是帝王府邸。工作人员安排了15分钟的会见时间，并给我们提了诸多注意事项，以及须由工作人员安排合影等。

阿基诺在安东尼的陪同下，单独和我举行了会谈。按照新闻联播的说法，“两人就一些双方共同关注的问题进行了亲切友好的交流”。阿基诺问我，中国商人去菲律宾投资可能会有什么顾虑？我回答，除了安全问题，还会重点考虑政策的稳定性、连续性，以及最好菲律宾政府能为中国的投资做担保。阿基诺听了，告诉我菲律宾政府以前给企业做担保出过问题，今后不会轻易给企业做担保了。接着阿基诺便问我中国给外资企业贷款的相关政策，以及有哪些优惠待遇。

阿基诺跟我聊天聊了近30分钟，远远超过原计划的15分钟。阿基诺最后总结道："我在菲律宾提过，做企业的四个正确，正确的时间，正确的地点，正确的项目，正确的资金。"我听后，马上补充道："还要有正确的人。"

阿基诺听了，连连称是，扭头对秘书说："把李先生的这句话记下来，以后我要改提五个正确了。"这下我得意了，我的一句话把总统的语录都给补充了，挺厉害嘛。

话说回来，我能被总统单独接见，全是安东尼的功劳。安东尼为什么如此看重我，同学的交情只是我们结缘认识的一个契机，并不是关键。在安东尼看来，我之所以值得结交，是他认为我在中国能力很强，玩得很转。其实鄙人在中国只是普普通通一企业家，钱不算多，业不算大，在国内商界混的时间还很有限，能把安东尼忽悠住，全靠我经营人脉时，细节把控得还算可以。

记得安东尼和我最初交往时，先邀请我去菲律宾考察，出行都是坐直升机的，见的都是菲律宾首富施志成这样的大腕，吃喝更不必说，讲究极了。过了不久安东尼告诉我，他要来中国了。

我压力很大啊，人家在菲律宾那是霍英东、王石般的人物，我在中国都没人知道，要招待出点儿排场来，有难度啊。可小人物有大志气，宁可失窃不可失礼啊。唉，别人搞排场靠的是地位，我搞排场只能靠策划了。

去机场接安东尼，好车有的是，可车牌号不霸气也失身份。我几经周折，找了辆00001打头的车牌号。呵呵，当然不是京字打头的，而是黑字打头，我托黑龙江某地区的一个企业家把他的奔驰600加霸气车牌，千里跋涉开来北京充场面。

在机场接到安东尼，他一看车牌，冲我竖大拇指，他哪知道这其实是来自黑龙江某市的车牌。接到安东尼后，直奔人民大会堂吃晚饭。找点儿关系，在人民大会堂吃个饭还是可以的。那天我们运气好，晚饭整个人民大会堂就我们一桌，吃饭的就三五个人，服务员站了两长排，特有面子。席间，经理还详细介绍了菜品，到底是国宴用地，介绍菜品都别具一格，您用的这道法式洋葱是周恩来总理最爱吃的，这道红烧豆腐是陈毅元帅必点的菜。安东尼很高兴，他有钱，但毕竟来自小国家，来到泱泱大国，能受到一号车牌接送，国宴招待的礼遇，他已然很满足了，对我的良好印象也就形成了。

给大家讲我的这段经历，不是号召大家为搭建人脉而弄虚作假，而是让大家对待人与人之间的交往时，足够用心，只有如此，才会有切实的收获。

2003—2010
底特律

赤手空拳成为通用供货商

2000年之后，中国制造的名头在世界范围内都叫得很响，当时关于中国的制造企业有个口号：除了航天飞机，什么都可以做，甚至连航天飞机也快能造了。我觉得自己经商多年，跟美国企业打交道不存在任何障碍，应该努力创造机会，在美国市场和中国工厂之间搭建桥梁。

给我健身球做代言的美国手指艺术大师格雷格，在一次展销会上，无意中听到有个人在跟人聊天中说想找合适的中国制造企业生产汽车配件。大师一听，忙插话道："我的老板詹姆士是中国人，他一定能帮你找到对口的中国企业。"那人听后笑笑，不置可否。在手指艺术大师的软磨硬泡下，那人给了手指大师一张名片。

我拿到名片后一查，发现这家企业是美国通用公司一级资质的汽车配件生产商，专门给通用公司生产汽车上用的橡胶配件。我突然意识到这可能是一个很好的机会，因为这等同于是通用公司的生产业务在寻找中国的生产商。

为表示诚意，我专程坐飞机前往这家企业所在的城市，登门造访这家公司。看我不辞辛劳而来，总经理亲自见了我。我解释了自己的来意，即道听途说他们要找中国的生产商做汽车配件，我非常乐意提供帮助，自信能找到最佳的合作厂家，能提供最优惠的价格，以及最及时的供货。

总经理是那种傲慢的白人马丁，用我们的话来说，一看就是那种很难说话的人。他听我解释清楚来意，问我之前是做什么的。我说自己是销售健身球的。总经理一听，开心地笑了，笑容中的嘲讽，以及笑容的夸张程度，就像周星驰电影里的那些角色。

马丁总经理笑够之后，问我知不知道汽车生产代表着一个国家的工业文明。他说，即便是中国专业的汽车配件生产厂家，自己都不敢轻易相信，而一个卖健身球的居然跑来要承接这种技术含量如此之高的业务，实在是大大的可笑。

他那夸张的笑刺激了我，我对他说："我是美国的健身球大王，是过去十年中纽约最优秀的营销师之一，几乎每个美国家庭都有我的产品，请问你生产的产品达到此水准了吗？"

马丁总经理听了，虽然还是一脸不服气，但找不到话接下去了。看着谈话陷入困境，我说："总经理先生，请给我一个你的样品和图纸，再告诉我一个价格，我去生产样品，然后你来检验我们提供的样品合不合格，所有的费用我自行承担，可否？"

马丁总经理无法拒绝这样有诚意的条件，于是扔给我一个放在汽车底盘下面固定排气管的橡胶圈，告诉我如果我能以50美分的价格生产出来并运到指定地点，而且质量合格，那么我们开始正式的商业谈判。

马丁总经理是用“扔”的方式，把橡胶圈给了我。虽然我很讨厌这个傲慢的经理，不过也能理解。中国之前有一些不好的案例，包括作弊、抄袭、不尊重知识产权，种种先例导致中国企业在美国市场是有原罪的。别人不可能以特别好的眼光看待你，而且认为你天生就是有问题的，你坐在我面前，之前中国人犯的毛病我就默认你身上都会有。我决定不争馒头争口气，一定要把这东西做出来，让这个傲慢的家伙重新认识中国制造。

拿着这个橡胶圈样品和图纸，我飞回了中国，开始寻找一些大的橡胶配件生产商。在回国前，我详细核算过了，国内橡胶厂的报价不能超过30美分，如果超过40美分，那我很难以50美分的价格交货。

跟国内各个橡胶厂一谈，我算知道厉害了，橡胶圈看着很简单，但技术难度一点儿都不小，是橡胶里头裹着钢圈，更关键的是要承受得住100万次的耐受力试验。懂汽车配件的工程师告诉我，整车零件供应要求非常高，甚至与售后零件要求都不一样，尤其是通用这样的大公司，对技术细节非常苛刻。与橡胶厂的人坐下来一谈，发现能做这个小玩意儿的橡胶厂本就不多，而且报价均超过1美元，他们报的还是实在价，因为低于1美元就要亏本了。

这下我被难住了，怪不得美国的这家工厂不打算在美国本土生产了，一定是通用把价格压低了，让他们觉得无利可图。后来我才知道，哪里只是无利可图，根本就是亏本。而美国配件厂当时的难题在于，即便是亏本他们也得接这个单，因为不接这个单，通用将把其他配件的生产订单也悉数收回。

我是个不容易轻易死心的家伙，为了不留遗憾，我回到熟悉的武汉，四处托人打听懂橡胶生产的工程师，想看看有无可能找到小工厂承接这个业务。武汉熟人多，很快就有人给我介绍了一个从武汉橡胶厂退休的老厂长。

我算是捡着了，老厂长不白给，既通技术，又精生产管理，找了个小型橡胶厂，全力琢磨给我研发这个橡胶圈。这个生产任务的难度在于，不仅要符合严苛的美国标准，完成零缺陷的质量要求，还得算计赚出来针尖上的利润。

经过耗时长达一个月的研发，奇迹出现了，老厂长殚精竭虑终有大成，跟样品一模一样的产品出炉了，而且经过详细预估，肯定能把价格控制在30美分。在拿到产品的那个瞬间，我对自己身为一个中国人的自豪感油然而生，对中国制造的强大潜力深深折服，我觉得路只要闯出来了，必将是开阔的风景。

现在想来也觉得不可思议，我在走进汽车配件领域时，称得上是“四大皆空”：设备技术缺乏、制造工艺空白、产品技术几乎没有、设计技术缺失，可在这样一种情况下，我竟然拿到了通用的订单，成功实现了事业的转型。

创造了美国汽车工业史上两个“第一次”

成为通用供应商的供应商之后，我逐步收购了武汉那家帮我们研发橡胶圈的橡胶厂，从此算是正式走入实业领域，开始了我创业人生的另一个新阶段。

汽车配件生产并不好干，作为工业产品，每年都必须降价。这算是一条行规，因为当你越做越熟的时候，成本自然会降低，甲方自然要求你周期性降价。问题是我们接手时，价格已经很低了，要贯彻这条行规，我们必须持续改进工艺。

为了在保证质量标准的前提下降低成本，我们动员全体员工开动脑筋参与到成本控制研发上面来。第一，我们摆脱了橡胶成品的引进，而是自己进口橡胶原料后再加工，通过这一项我们节省了17%的关税。第二，我们实现骨架板材的充分切割，最终我们的骨架板材切割利用率几乎是国内最高的。第三，我们加强员工培训，让焊接工序一步到位，提高合格率，减少损耗。第四，重新改革喷涂工艺，通过对喷涂设备的改良，提高涂料利用率。第五，对物流成本进行控制，保证运输环节的低成本高效率运行。总之，凡是能够再利用的，我们都会想方设法将它重新利用起来。

在推动精益管理时，我还提出了反浪费的七大项目，这七大项目包括等待的浪费、工序本身的浪费、动作的浪费、过量生产的浪费、搬运的浪费、库存的浪费、返工维修的浪费。每一种浪费的内容，都罗列得一清二楚。通过这一反浪费措施的实施，我们当年的生产管理成本得到有效控制。

光靠从跑、冒、滴、漏这些细节来节能降耗远远不够，要从根本上做好节能减排文章，最终得从产品本身下功夫。这点我始终保持着清醒的头脑。首先我招募最好的技术研发人员，不间断地进行现场操作、取样、调试，结果产品各项指标均达到了预期效果。为了确保产品的可靠性，我们的工程师不仅翻烂了产品说明书，还几乎读遍了所有关于汽车配件生产的相关资料，逐步总结摸索出最佳的匹配关系。其次推行标准化作业，提高设备维护和操作水平，这既能减少设备故障，又能使故障迅速恢复正常。再次是细化生产现场各项制度和方法，防范事故的发生。最后是加强设备维修费用预算管理，追求设备的投入产出最优化。

当通用意外得知自己一级资质的配件供应商，居然将订单转包给一家中国工厂，大吃一惊，急忙组团来我的工厂考察。虽然他们是抱着怀疑、挑毛病的心态而来，但我们工厂的实际能力最终让他们赞不绝口，并在回到美国后，将我们列为他的二类供应商，我们例外地进入了通用供应商的名录里。

随着对汽车工业的了解，我越来越感觉到我们拿到的不只是通用的订单，而是进入了一个圈闭的大行业。我总结自己其实已经创造了美国汽车工业史上的两个“第一次”：首先是零背景、零基础跨入汽车配件生产领域，并成为其优质供应商，这是美国汽车工业史上从来没有过的事情；其次是在最短时间内，凭借着设备创新、工艺创新、产品创新、产品技术创新、设计技术创新、前沿技术研究开发创新，创造了性价比最优的价格奇迹。

在之后的10年里，凭借出色的创新与研发能力，我们已与宝马、奥迪、美洲豹、路虎等世界知名汽车公司开展合作，参与到全球最新的高端车型的同步配套设计中。同时，我生产的脚踏板橡胶件的年产量曾达到1200万个，这意味着有1200万辆车在运用我生产的产品，占当年美国市场的70%。

从我个人成功进入美国汽车配件生产行业来看，我对中国制造的潜力充满信心。是的，中国制造是需要从粗放式向精益化转型，但我们的技术研发能力其实不像媒体描述的那么差，中国人是聪明的，只要有订单，没有什么是中国人做不到的。要对我们自己的智慧和能力有信心，像我这样的门外汉都能在美国工业制造领域谋取一席之地，这就是明证。

在与美国通用的合作中，有件事让我印象深刻。有一次西海岸闹罢工，整个长滩的码头陷入瘫痪，这导致我们从中国运来的汽车配件无法抵达美国。如果我们的产品不能进入通用车间，等同于通用公司的整车装配无法按期下线，将导致面对购车客户的大规模违约，这对于通用来说是天大的丑闻。

危急时刻，通用启用了全球紧急事务处理小组，专项负责将我生产的汽车橡胶件以最短的时间运抵底特律车间。第一步，我垫付了12万美元的空运费，将配件运抵美国，由于在中国海关耽搁了点儿时间，运抵美国的时间又有所拖延，留给通用全球小组的时间更短了。第二步，全球紧急事务处理小组在机场接管了配件，然后让我见识了什么叫不可能的速度。其中一个最经典的画面是，装有通用配件的火车在地上跑，通用派出的直升机途中截货，将火车上的货柜吊了出来，然后空运至车间。

在这件事上，我看到了美国企业的强大力量，以及他们在美国社会的主流影响力。

在给通用做橡胶件的同时，我还成了美国一家大卫生洁具公司的供货商，专门给科勒、美标这样的大品牌做坐便盖上的金属件。原来不论是贵的马桶，还是便宜的马桶，扣马桶盖都是“啪”的一声，后来洁具公司委托我们做一种可以让马桶盖实现慢关的金属合页。在我们和其他美国本土厂商的共同努力下，通过设定金属合页的扭矩系数，终于使得高端马桶扣盖时，没有那让人尴尬的响声，能够在人放手后匀速合上。

那段时期还有个荣誉值得提一下，2007年，我荣获了新泽西华人优秀企业家大奖。奖项倒是其次，关键是很多熟悉我的朋友希望能把我的成功经验在美国华人圈里传播开来，给老华侨点儿启发，给新华侨点儿信心。

2010
回到北京

一炮多响的联合投资之路

随着事业走入稳定期，我每周看场电影，每个月听场音乐会，有时还看看纽约的百老汇秀，光顾一下位于四十四街的哈佛俱乐部，渐渐地有了一种有张有弛、宽紧适度的生活节奏，也许这就是所谓北美的“上等人”的生活。

可这种生活过久了，我极度不适应，于是有了回国投资，进行第三次创业的念想。此时，赚钱对我来说，已经是次要的事，如何把自己在美国的经验，通过投资国内产业的方式带回中国，才是我最看重的。

2008年，北京奥运会开幕在即，举国之盛事让我的思乡情更加热烈，于是我放下了美国的生意，带着历歌专程赶回北京来看奥运会。回国之后，见到一堆老朋友，在酒桌上喝大之后，我当场宣布，大家不是都想看奥运会开幕式嘛，我负责弄票。

第二天酒醒之后，我就开始着手买奥运会开闭幕式的票，为朋友买，也为自己买。不买不知道，一买吓一跳，根本不是钱的事，没有通天的关系，一张真票都弄不到。想想也是，百年一遇的盛典，开幕式就几万张票，可中国有多少有权人和有钱人啊，根本不够抢。

从中国买不到，那我就从美国买，于是我就联系美国的顶级票务公司订购北京奥运会开闭幕式的票。终于有一家美国票务公司给我回复了，说有可能弄到开闭幕式一个VIP包厢的票，前排能坐15个人，后头包厢里还有空调、沙发、食品、饮料等，是开幕式最高档的国家级别票。

我觉得很假，便问怎么会有这么好的票。票务公司告诉我，奥组委给每个国家分配了一个包厢，供开闭幕式观礼。有个非洲小国因国内政局动荡，高层首脑无法组团来华看奥运会，便委托美国票务公司把包厢卖出去，捞点儿实惠。

听闻此等奇事，真是感慨，大国有大国的烦恼，小国有小国的窘迫，连观看奥运会都来不了了。为了防上当，我又找了美国的信用公司对这家票务公司做了尽职调查，确认无误后，我花了十多万美元把这个包厢拿下。要做成这样的事，没有点儿胆大心细的天分是万万不行的。

开幕式那晚，北京热极了，我们在有空调的包厢里，吃着果盘，喝着饮料，跟隔壁包厢的名流显贵们打着招呼，享受着旷世盛宴。

看了北京奥运会，我深切地感受到祖国的崛起，以及一种生于斯、长于斯的自豪，更让我觉得应该多在中国找找机会。奥运会之后，我接触到了中国很多1970年后、1980年前出生的那拨人，发现他们越来越像美国创业者，有着强烈的结果导向意识。过去和中国人相关的、中国人强调做生意的关系，在他们身上变成了结果导向，行事风格变得非常直接，而且团队越来越强调个人英雄主义。

回国这几年，我投资了金融合同动漫公司、生产企业、矿业、地产项目，甚至涉足了影视投资，初步完成了相对较完整的投资布局。在这些投资中，我实施的战略是多脑投资、联合投资，利用团队式的投资方式成为战略投资人、价值投资人。投资看似复杂，但我喜欢把复杂的事情简单化，先选项目，按照排序法考察评价，弄清楚之后，就整合一个投资团队把项目拿下，然后再选聘一个优秀的总经理，选好后充分放权，再寻找下一个投资目标。

目前，大多数投资的项目都处于初期或中期阶段，但我不着急，因为本来也不是奔着钱去的，只是想把一身所学贡献出来，帮助更多的创业者，让他们有广阔的视野，帮他们搭建世界性的平台。当然也有出成果的项目，那就是地产。

拉斐水岸位于长城脚下，紧邻官厅水库南岸，是我们北京利世鸿亚置业一个计划投资50亿元人民币的地产项目。占地1288亩，是一个集红酒总部经济、红酒文化展示、旅游休闲度假、居住功能于一体的百万平方米红酒文化小镇。

这个地产项目就在面积达23000公顷的官厅水库边上，离八达岭长城、康西草原、天漠沙场、卧牛山、黄龙山庄等众多旅游景点都很近，还设计了红酒文化商业街、高级养生会馆、葡萄种植园、马术俱乐部、果岭高尔夫挥杆练习场、五大红酒主题城堡。

为了强化项目本身的吸引力，我已经和法国、美国、德国、西班牙、意大利知名红酒企业洽谈，力邀他们将中国红酒生产基地设在拉菲水岸，把这个项目打造成“国际红酒经济总部”，并使之成为中国北方最具规模的“红酒世界博览会”举办地。

除此之外，我在国内还不断整合平台，搭建战略投资联盟。在进军房产领域的同时，我与中国传媒大学合作，将好莱坞最棒的特效公司引入中国，并计划在横琴岛、珠海、苏州、青岛建立国际文化传媒公司，将美国最先进的媒体产业文化带入中国。

中国的低空飞机即通用航空市场即将开放，我已经在摩拳擦掌，联合所有资源，大干一场了。合作伙伴已在全国六个省做了布局，在国内已经生产出五十多架小飞机，为这一市场开放做好充分准备。

办一所学校是我此生必须要完成的大事。目前，我已经在美国和中国布局准备，办商业精英教育学校，不久的将来有望推出。

我从20世纪90年代在美国做贸易起家，2000年之后成功转型生产制造领域，回到祖国搞投资，在地产领域初见果实，在通航和教育领域做准备。下一步怎么走？我已经想好了，就是立足于整合中国和美国这两个大国的市场资源，把触角伸向全球，在全球范围找机会，建平台。

其实人生就是一串串脚印，走得越远的人就是真正的成功者。不要安于现状，不断地学习，不断地追求，就能收获人生的价值与意义。

尾 声

美国生活絮语

有钱人的素质：纽约的曼哈顿，世界上最富裕的地区，95%以上的居民没有小汽车，都乘坐公交车。这些人假如周末去海滩或乡村等地方度假，便会租车。在曼哈顿的150万居民中，有30万人拥有自行车，街道不专为骑自行车的人设非机动车道，原则上骑车人与开车人共享道路，并允许在城区工作而距家较远的公民携带自行车乘坐地铁。

美国中产阶级的定义：除了收入稳定、拥有一定的财富外，中产阶级群体还必须受过良好的教育、具有自由的意志以及普遍的社会关怀。中产阶级之所以成为社会承上启下的中坚力量，并不单单因为他们口袋里的钱财，还要具有“一定的知识资本与社会关怀”。至于是否拥有房子或车子完全取决于每个人的喜好，取决于你选择什么样的生活方式，并不能作为是否是中产阶级的标准。

必需品免税：食物之类的东西是免税的，特别是那些必需品，比如米、面、牛奶以及蔬菜。

“Please don’t forget tax，never，ever！”（“请永远、绝对别把税给忘了！”）我每次买东西付账时，便自然而然地在心里将销售税加上去。

教育与壮大中产阶级队伍：美国的小学、初中和高中实行费用全免政策。美国公立大学的学费比私立大学的收费低多了，就是为了照顾穷人。而多数私立大学的收费也像医院那样，和家庭收入成正比。名目繁多的各种奖学金为成绩优良的穷人提供了上私立大学的保证。上大学是美国穷人和新移民步入中产阶级的必经之路。穷人上大学可以申请政府补助，补助的款项包括：免学费和书杂费，发给生活补助。视贫困程度不同，得到相应不等的补贴。学生暑假打工所得，在年底报税时可以享受税务优惠。对不算穷但还未踏入中等收入家庭的子女，因享受不到政府资助，读书期间他们可以无息贷款。待大学毕业6个月后，再计算尚未付清的贷款利息。无论富人还是穷人，子女的一部分学费在年底报税时可以抵消所得税。连坐轮椅的、听力有障碍的、眼疾患者等，一视同仁都可以上大学。未婚和单亲妈妈们也不用犯愁，大学里有托儿所，专门照顾学生们的小孩。美国政府想尽了办法，让大多数美国人能进学校，以壮大中产阶级的队伍。

美国的社会安全体系：英文叫作Social Security System（社会安全体系）。凡合法在美国生活的人，都必须到社安局去申请一个号码，即社会安全号码。这个号码将跟着人走完一辈子的路程，无论是读书，还是工作，或租赁房子、汽车……所有的合法活动都需要这个号码。而 Social Security Benefits（社会安全福利）是由雇主和员工各交一半，占工资的15%左右，每年累积4个点，积满40点之后，到62岁退休就可以申请拿那部分钱了。不过，必须等过65岁生日才能拿到百分之百。社会安全体系是由美国第32届总统罗斯福主导创建的，是20世纪30年代大萧条时期的产物，是为退休老人的晚年生活提供保障的福利制度，它的基本概念也是“劫富济贫”的。因为，到最后决定你一个月能拿多少社安金，是根据退休年龄前五年所交的钱，作为一半来计算的，一般的富人早就退休了，最后几年多半是零，所以富人最后拿到的社安金通常少于穷人。

Title：各种 Title 是各个公司自己定的，不需要行业的认定。单在纽约的花旗银行，四千多职员中就有四百个“VP”（副总裁）！

契约：普通人不必在信用卡公司或银行存钱就可以拿卡，个人支票可以用于支付各项开支。这些在港台未必通行。但是，在美国，你不能搞欺骗。一旦被发现，一切都完，一个污点会毁掉一个人的终身，找工作、贷款都没人理睬。

在美国和加拿大，税法对残疾人也是优惠的。比如，长得矮小的侏儒，由于家里的一切家具用品都是以特殊尺寸做成的，因此，这些花钱请人工制作的特殊费用，可以在年底报税时冲抵所得税收入。公司如果聘用残疾人，税法上也是有特殊优惠的。我们平常看不见人们在公共场所给手有残疾的人传递东西，或是搀扶着双目失明的人横穿马路，是因为在这个社会里，残疾人和正常人一样人格是独立的，他们不需要带有怜悯和同情的帮助，他们在政府部门设立的特殊学校里经过专门训练，具备日常生活的能力。这些费用都由纳税人支付。落下残疾并不是他们的错，全社会应该给予他们更多的关怀。

位置：美国照相，一般是谁想站中间就站中间，很多时候站第二排角上的某个人反而是官最大或钱最多的，照相时拼命往中间挤的一般都是亚洲人。美国的很多公开活动没有贵宾席一说，谁去得早谁坐前排，即便见总统时也一样。

价值导向：要有成功的移民生活，就必须在价值导向上下功夫，比如遵守公共道德，比如学会做义工，比如参与政治，这些都是成为北美人的必要功课。

理性程序的社会：在美国生活，进入的是西方人具有理性程序的社会，一切都有计划地发展，不是东打一棒西砸一拳，样样都要，结果处处落空。浪费了岁月，蹉跎了时间，懈怠了斗志。相反，要制订短期、中期和长期计划，与大目标配合，良性积累，一步一个台阶，最后一定能进入成功的殿堂。

图释人生

李中子与菲律宾总统阿基诺在钓鱼台交流

李中子率中国企业家会见菲律宾总统阿基诺

2011年9月1日，李中子在钓鱼台国宾馆受到菲律宾总统阿基诺三世的接见

2011年8月，李中子与菲律宾名人伊梅尔达·马科斯在
中国大饭店合影

菲律宾总统阿罗约出席中菲经贸合作会议的签约仪式

李中子与华人富豪陈永栽等人合影

中菲商会联席会议会场，双方主席主持会议

中菲商会论坛上，李中子做首席演讲

李中子在洛克菲勒中心与韦尔奇交流

李中子和美联储董事在一起

学历人生

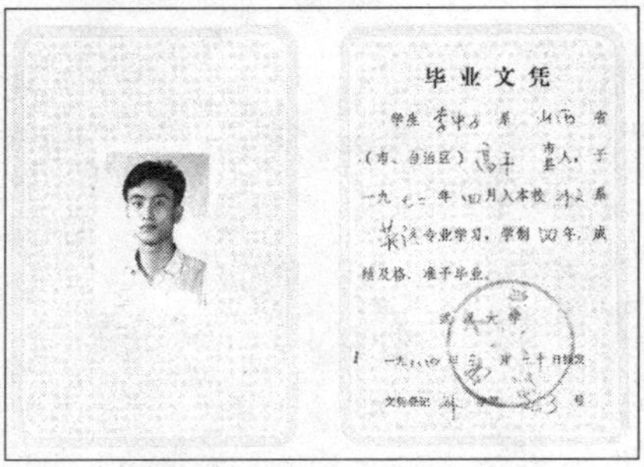

武汉大学本科毕业证书

中国传媒大学硕士学位证书

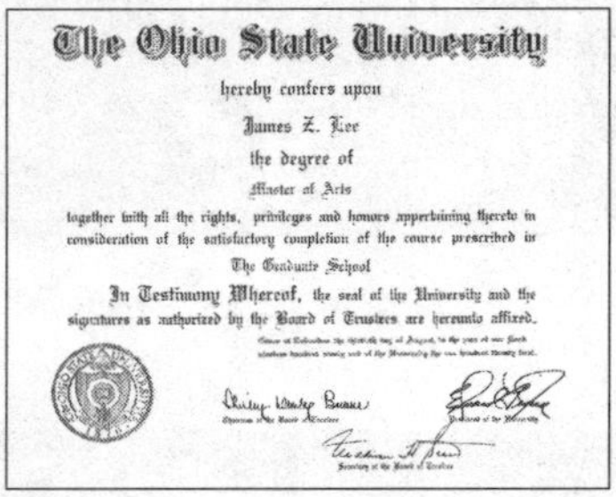

美国俄亥俄州立大学博士学位证书

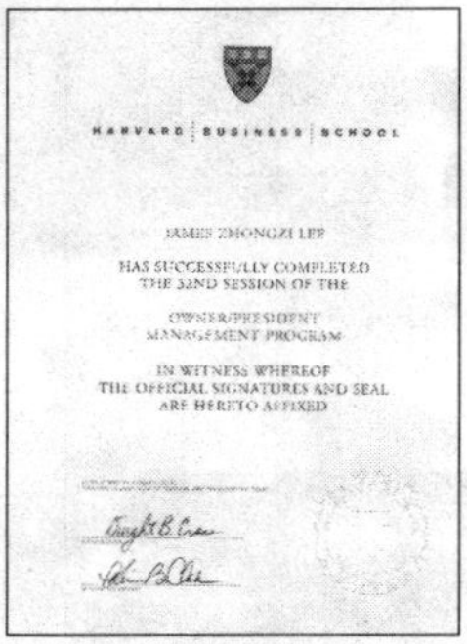

美国哈佛大学商学院OPM证书

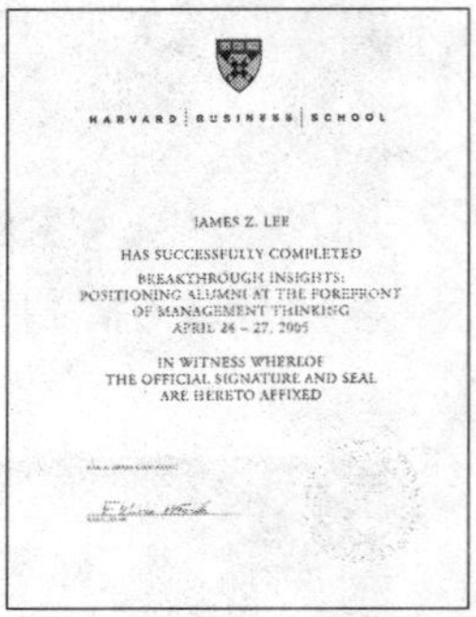

美国哈佛大学商学院管理者创新思维证书1

美国宾西法尼亚大学沃顿学院战略联盟之创造发展机会方案证书

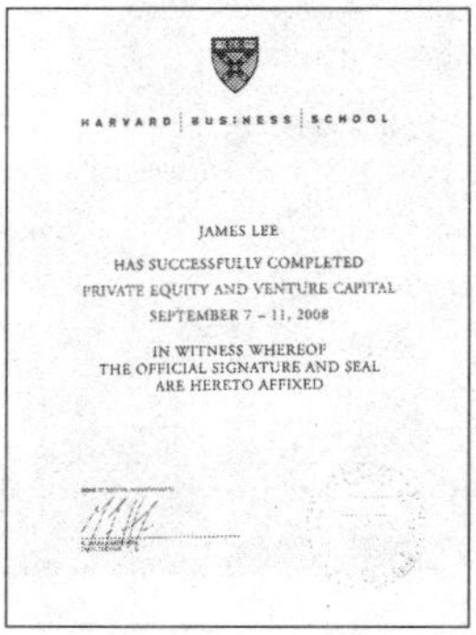

美国哈佛大学商学院私募基金及风险投资证书

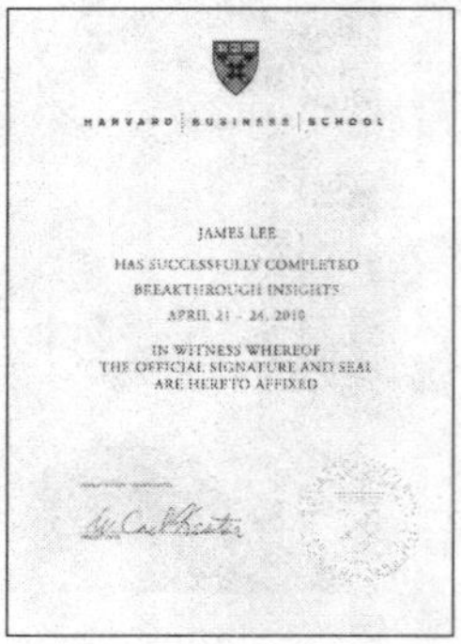

美国哈佛大学商学院创新思维证书2

初到美国，李中子当起了二房东

1986年，李中子脚穿一双拖鞋穷游美国

李中子开着雪佛兰送披萨外卖

李中子的第一辆车是老款丰田

李中子勤工俭学期间在州电视台做台长助理

牧师见证李中子和罗历歌的婚礼

李中子和妻子罗历歌在白宫前留影

李中子在俄亥俄求学时牵线中美金丝猴交换活动

李中子在美国跻身小富一族，买了辆车牌超霸气的奔驰

李中子在拉斯维加斯跑商品秀

李中子是世界上拥有健身球品种最多的人

李中子和妻子罗历歌在美国卖皮衣

李中子在“9·11“过去几天之后的曼哈顿接头留影

世界在我心，给9·11纽约遇难家属写捐款支票

李中子在哈佛大学商学院上课的日子

李中子在哈佛大学商学院与同学们合影

2003年，哈佛商学院毕业酒会，右二为菲律宾驻中国经济特使安东尼

李中子在哈佛大学商学院毕业酒会上

李中子在哈佛大学商学院毕业典礼上

李中子和哈佛大学商学院的同学们在一起

全球投资团队

2006年，李中子和美国CEO代表团成员在长城合影

李中子与美国商务考察团成员合影

2006年，美国商务考察团来华考察

投资考察团

2006年，美国投资者考察利世集团时合影

李中子向美国的市长代表团介绍中国的地产项目

李中子与美联储董事在中国投资项目开幕仪式上合影

李中子在多米尼总统办公室

波多黎各最知名的伟人雕塑是中国制造

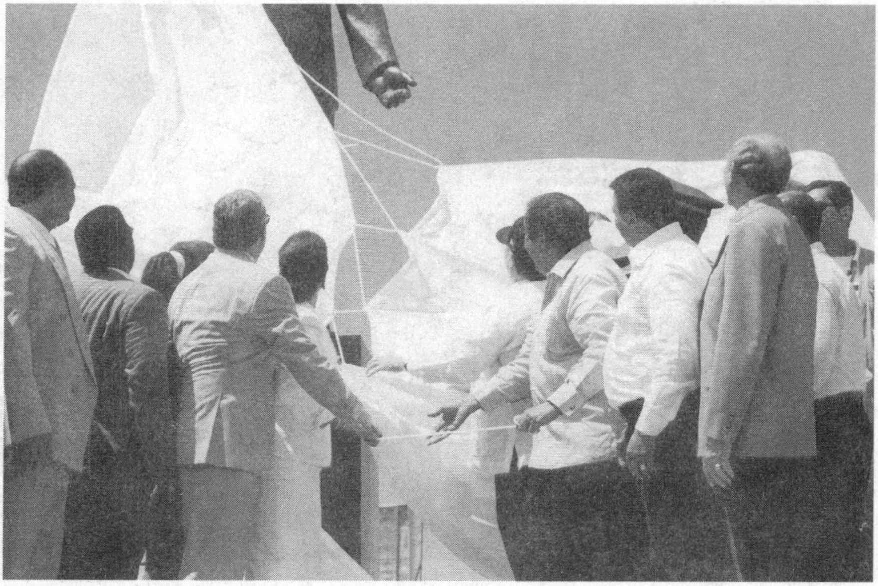

各界官员参加雕塑剪彩仪式

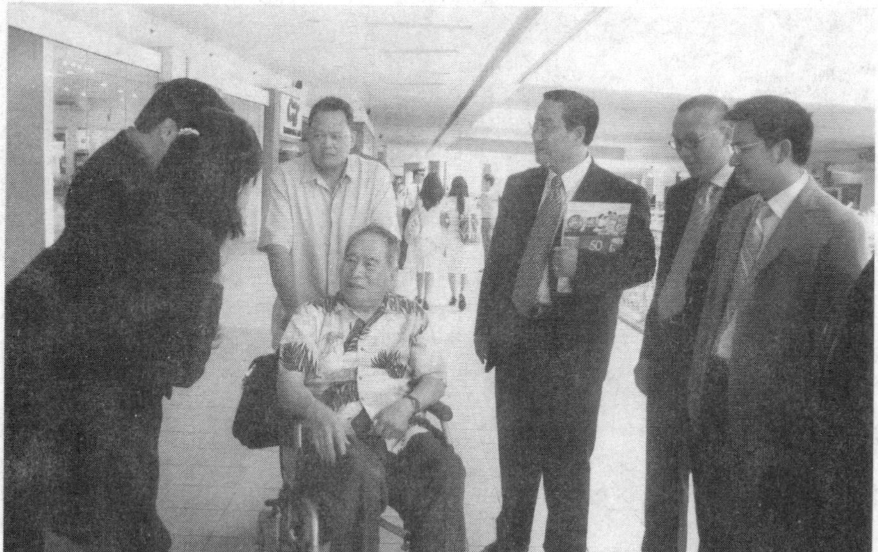

偶遇菲律宾首富施志成在马尼拉

上海的汽车橡胶配件制造基地，平地建造

上海汽车橡胶配件制造基地管理团队

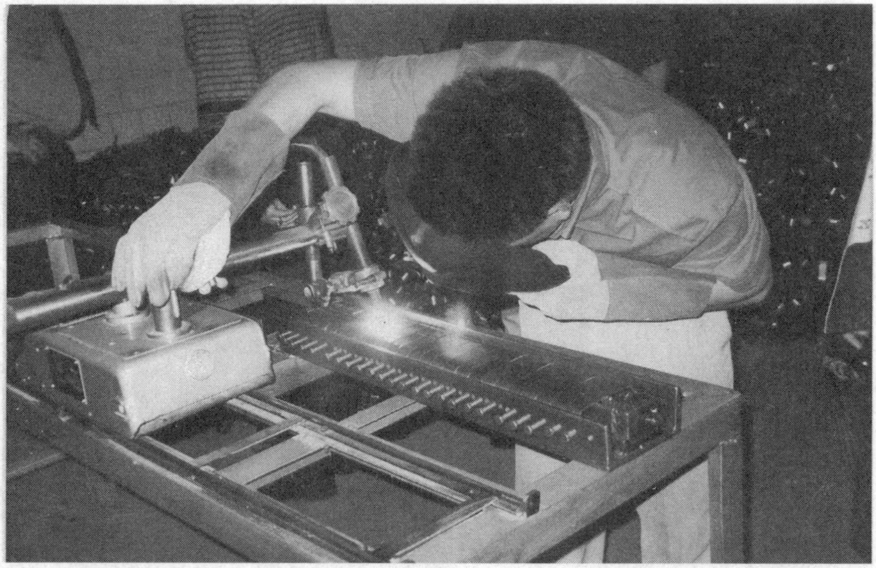

李中子在武汉的工厂在攻关汽车橡胶配件

中国制造工厂大器初成

李中子与中国代工厂商合影

李中子在沙特阿拉伯的利雅得考察时与家俱大亨合影

京北百万米山水大盘–拉斐水岸

2013年火爆热销场面

哈佛总裁班印度行

哈佛校友和挚友

老挝首都万象项目股东合影

即将打造的万象现代商城

在美国首飞，李中子落地后与飞行教官交谈

李中子在美国考察通用航空

全家福

母亲八十大寿全家福

母亲八十大寿

2008年，李中子在北京奥运会会场

罗历歌全家福

李中子和罗历歌在美国过第一个圣诞节

李中子和罗历歌结婚十周年纪念照

人艺的台柱子罗历歌

1987年，李中子和罗历歌登长城留影

李中子与父亲的老战友夫妇在一起

李中子和宋丹丹一家在美国留影

李中子和好兄弟蔡猛

西沙水警区的官兵，列队欢迎我代表团

2002年5月，利世集团向海军西沙水警区赠送的锦旗

图书在版编目（CIP）数据

引爆美国人的触觉革命/李中子著．
—北京：文化艺术出版社，2014.5
ISBN 978-7-5039-5395-8

Ⅰ.①引… Ⅱ.①李… Ⅲ.①李中子
—自传 Ⅳ.①K825.38

中国版本图书馆 CIP 数据核字（2014）第 079284 号

引爆美国人的触觉革命

著　　者　李中子
责任编辑　刘晋飞
策　　划　刘哲宇　高　焱
装帧设计　小　鱼
出版发行　文化艺术出版社
地　　址　北京市东城区东四八条 52 号　100700
网　　址　www.whyscbs.com
电子邮箱　whysbooks@263.net
电　　话　（010）84057666（总编室）　84057667（办公室）
　　　　　（010）84057691—84057699（发行部）
传　　真　（010）84057660（总编室）　84057670（办公室）
　　　　　（010）84057690（发行部）
经　　销　新华书店
印　　刷　国英印务有限公司
版　　次　2014 年 7 月第 1 版
　　　　　2014 年 7 月第 1 次印刷
开　　本　710 毫米×1000 毫米　1/16
印　　张　17.25
字　　数　152 千字
书　　号　ISBN 978-7-5039-5395-8
定　　价　32.00 元
